品质教育丛书

品质学校治理
循证改进

Quality School Governance
Evidence-Based Improvement

李伟涛

著

华东师范大学出版社

品质教育丛书编委会

主　　任

汤林春　姚　伟

成　　员

杨玉东　李伟涛　徐士强　夏雪梅

杨四根　祝　郁　赵丽鸢　李　娟

路光远　李春华　罗　松　许丽华

杨文斌

丛书总序

教育是什么？尽管我受过系统、正规的师范教育，从事了近三十年的教育工作，但仍然在不断地追问我自己，答案似乎时而清晰、时而模糊。

比较东西方"教育"一词的来源挺有意思。我国"教育"一词大概始见于《孟子·尽心上》："君子有三乐，而王天下不与存焉。父母俱存，兄弟无故，一乐也；仰不愧于天，俯不怍于人，二乐也；得天下英才而教育之，三乐也。"许慎在《说文解字》中解释说，"教，上所施，下所效也"，"育，养子使作善也"。可见，我国"教育"一词出现时，主要强调的是由外而内的教化。所以《论语·阳货》中说，"子曰：'性相近也，习相远也'"，认为人的本性基本相似，但学习与教育使人形成不同的习惯。在西方，"教育"一词大概源于拉丁文 educate，前缀"e"有"出"的意思，意为"引出"或"导出"，其意思大概是通过一定的手段，把某种本来潜藏于身体和心灵内部的东西引发出来，使自然人所固有的或潜在的素质自内而外转化成为现实。可见西方教育比较强调启发与引导。所以东西方一开始就对教育有不同的理解。随着社会思想的多元化，不同的人对教育的理解更是众说纷纭，就像一百个人心中有一百个哈姆雷特一样，很难得到一致的答案，这也就是我们感到困惑的原因。

尽管对教育有各种解读，但并不等于人们对教育没有基本的共识，如"教育是有目的有计划地培育人的社会实践"，这是教育领域里的常识。只是随着经济社会文化与教育的发展，教育受物质主义、功利主义影响较多，教育实践有时会偏离常识。譬如，过分强调学生的应试学科知识、应试分数和升学率，以此作为衡量学生发展水平的指标，作为学校与教师的工作业绩，导致学生应试负担过重、脱离生活、丧失童年、缺乏创造性与实践能力，甚至影响到人性的健全发展。这是对教育的严重误读，也在一定程度上导致了教育的畸形发展。如果不适时纠偏，将遗误子孙，并阻滞中华民族伟大复兴中国梦的实现。

正是在这一背景下，嘉定区开展了品质教育的实践探索，并与上海市教育科学研究院普通教育研究所开展合作研究。关于"品质教育"，首先要理解什么是"品质"。《现代汉语词典》将"品质"解释为：行为、作风上所表现的思想、认识、品性等的本质；物品的质量。《辞海》的解释也是如此，主要是对人而言，如人的人品、品德等，指人的行为、作风上表现出的思想、认识。"品质"与"质量"不同，质量是工业时代的产物，更强调使用者需求的满足度，更强调对标准与规格的符合度,更强调数量与规格的要求。而从质量到品质,少了量的参与,多了品质的介入。"品质"的意涵不仅在于"质",而且更注重"质"的"质地"、"品味"、"雅俗"、"档次"等,其关键是彰显了人的主观意愿与渴求,在深层次上体现的是价值观念的深刻转型,强调了人文向度和价值属性。因此,我们所说的品质教育是指"品位高"、"质量优"的教育,旨在通过有品位的教育,铸造有内涵的质量。"品位高",关注教育过程,在于回归教育本原,突显教育的育人本质,坚持以人为本,遵循教育规律,克服教育中的功利倾向及反教育行为,真正实施有品位的教育。就一个区域而言,具体表现在内涵发展、科学发展和均衡发展。"质量优",关注教育的结果,表明办学成果达到标准的程度,表现出优良的质感,克服唯分数论,真正促进学生的健康快乐成长,追求有内涵的质量。就区域而言,具体表现在区域教育特色逐步彰显,学校办学活力全面激发,学生综合素养有效提升。

在这一理念的引领下,课题组对嘉定学生的形象进行了刻画与设计,一方面落实国家对学生培养的基本要求,同时立足嘉定实际,放眼世界,展望未来,着力培养学生的核心素养,聚焦学生面向未来的适应力、创造力与幸福力提升。具体表现为,拥有践行社会主义核心价值观的良好品德、全面扎实的学科素养、积极健康的身心品质、受用终生的学习能力等。围绕学生核心素养的培育,课题组又从五个方面切入,设计了推进项目:

"五步循环"学校改进。将学生品质分析结果落实到学校层面,转化成学校改进行为,通过诊断分析、提升计划、组织实施、证据收集、效果评判等五步引导学校建立自我发展机制,增强可持续发展能力。

品质课程建设。探讨品质课程的内涵与特征,提出品质课程的评估方案。通过合作研讨、课题研讨等方式,带领若干项目学校进行课程群与特色学科的建设。

品质课堂建设。探讨品质课堂的内涵与特征,提出品质课堂的评估方案,通过构建学与教质量分析平台,开展基于证据的课堂教学变革等。

品质教师建设。探讨品质教师的内涵与特征,提出品质教师的评估方案,通过"工作坊"研修形式,培养品质教师种子,带动嘉定教师队伍的发展。基于 PISA 的理论与技术提升品质教师的命题能力等。

学生品质测评。从品德水平、学业质量、身心健康和终身学习素养等方面反映学生品质。通过增值评价策略,客观分析学校工作的有效性,为学校改进提供参考。

本套丛书包括《区域教育发展方略》、《品质教师是如何炼成的》、《品质学校治理:循证改进》、《融入学习品质的课堂教学》、《课程改变,学校改变》、《民俗文化课程与学校特色发展》等六册，是在这些项目研究与实践的基础上形成的阶段性成果，凝聚了研究人员和实践一线校长与教师的心血，虽然还比较稚嫩，但仍然值得阅读。

雅斯贝尔斯在《什么是教育》中说："真正的教育理应成为负载人类终极关怀的有信仰的教育，它的使命是给予并塑造学生的终极价值，使他们成为有灵魂、有信仰的人，而不只是热爱学习和具有特长的准职业者。"鲁迅也说："教育是要立人。"尽管这两位有影响力的人物从不同角度解读了教育，但不约而同地强调了教育的人文性、人本性，即真正的教育本原。品质教育就是要回归教育本原，做有灵魂的教育，做遵行规律的教育，做品位高、质量优的教育。这套丛书呈现了课题组最近所做的探索与思考，但愿能给读者带来启发。

上海市教育科学研究院普教所　汤林春

2017 年 11 月 20 日

目 录

导论

品质学校发展中的"最后一公里"困境

> 当把品质学校发展理解为一个行动的过程时,影响行动的各因素之间的关系,尤其是非线性关系就具有重要的分析价值。在实践中,为什么有的学校变革昙花一现,有的学校变革渐行渐远? 为什么有的学校变革反而增加家长焦虑? 为什么有的学校变革十年之后依然无法总结出有效的思想成果? 线性思维的局限性,是一个重要的成因。本书探讨的品质学校发展,把从先进理念到行为发生的转化视为一个需要中介作用的过程,这个中介就是循证改进。它由行动的主体与行动中的证据以及促进行动的制度环境构成。

当"品质"在学校教育话语场中出现和使用时,意味着学校发展质量观或衡量标准的再审视。再审视的背后假设是质量观与标准具有动态性。美国国家教育质量奖的评奖标准《绩效优异教育标准》的不同年度版本之间的差异,折射出美国学校质量管理观的变化[①]。经济合作与发展组织(简称 OECD)组织的 PISA(国际学生评估项目)测试之所以引起全球关注,上海之所以在借鉴 PISA 基础上推出绿色指标评价,以及近年来 OECD 的"素养的界

[①] 齐昌政.美国学校质量管理观的变化——以"美国国家教育质量奖"为例[J].外国教育研究,2007 (6):53—57.

定与遴选：理论和概念基础"(DeSeCo)、美国的 21 世纪技能(P21)、欧盟的核心素养(Key Competences of EU)、新加坡的卓越学校、中国香港的优质学校改进计划、MOOCs 视角的未来学校等研究之所以日益得到关注，其原因均在于学校质量观与标准的动态变化。在我国，公众的需求从有学上转向上好学、从入学公平转向过程公平，专家焦点从学校影响力移向学校核心能力、从追求分数移向促进学生学习，以及区域推进新优质学校、办学生喜欢的学校等种种项目，在本质意蕴上均指向于此。但"品质学校"不仅承载着教育思想、办学理念的转型重任，而且更加关注学校发展行为转型与结果转向。如果说未来我国教育现代化发展的核心在于实现学校的现代化、办好每一所学校，那么，学校现代化的核心就在于把办学理念有效转化为办学行为。

"转化"，挑战的是观念，抑或行为？本书对于转化的理解，更倾向于将其视为思维的挑战。对于具有变革意愿的学校，现代化的观念固然具有重要的启蒙作用，摸着石头过河也会显现出行为转向，但线性的思维无法透彻解释学校的"变"或"不变"：为什么有的学校变革昙花一现，有的学校变革渐行渐远？为什么有的学校变革反而增加家长焦虑？为什么有的学校变革十年之后依然无法总结出有效的思想成果？本书探讨的品质学校发展，认为从观念到行为的转化需要环节和中介，这个中介就是循证改进的实践，它由行动的主体与行动中的证据以及促进行动的制度环境构成。没有行动主体的变革，没有行动中证据的获得，没有积极的制度环境作为保证，学校无法实现既有固化的"不变"的同时又发生持续的"变"，转化失去存在意义，变革将很难进行到底。

一、困境成因的两种解释及比较

从本义上说，"最后一公里"困境是指公共交通末梢、衔接和微循环问题。引申义则是指在公共服务领域，为体现服务品质而需要突破的、最后且关键性的步骤。教育作为公共服务的重要领域之一，同样存在着"最后一公里"困境。人们常常说的一个好的教育理念未必在学校形成了好的实践，一份好的方案计划未必最后能够高效实施，一项学校创新行动未必最后获得家长的支持等，这些都是"最后一公里"困境的表现。

教育中"最后一公里"困境的成因是什么？一种解释基于执行力的角度。这种角度解释的人性假设在于人具有惰性，纪律对于战略目标达成是至关重要的。虽然这种角度能够解释合理可行方案的实施为什么会延误甚至迟迟不能落地，但其局限性在于，如果目标或方案本身没有获得执行主体的理解或认可,那么执行力就不能作为目标到结果转化的关键原因。伴随组织理论和管理科学的发展,当事人的目标认同成为战略分析的一个重要因素。相比于过程中的执行策略,目标认同属于本源性的因素。从学校改革的规律和趋势来看,这一因素的意义毋庸置疑是审视和衡量品质学校发展的重要维度。

所以,如果试图更为充分地解释"最后一公里"困境,则不得不纳入本源性因素。相应地,目标认同角度的解释应运而生。与执行力的角度相比,这种角度更为注重以人为本,把尊重、理解、道德、能动性置于优先考虑的位置,而把过程性的方法与策略、保障性的条件与能力视为次要因素。这种角度分析的问题是:目标是谁的目标? 当事人是否真的理解目标? 目标是固定不变的还是动态调整的? 如果动态调整又该怎么调整? 过程性的方法与策略如何有效服务于目标? 等等。目标认同角度的解释,并非否认执行力作为影响因素的存在意义,反而为更大程度地提高执行力提供了可能。为此,聚焦于目标认同角度,是消解"最后一公里"困境的必然选择。

二、价值层面的前提性探讨

解决"最后一公里"问题,是推进理念转化为实践、提升执行力的切入口,是推进教育创新、提高学校服务品质的必然选择。进一步探问,有品质的学校要追求什么样的服务品质呢? 为实现服务品质提升,前面所说的"最后且关键性的步骤"是什么,以及如何把握呢? 这正是亟待关注的两个密切关联的侧面,前者侧重需求、价值分析,后者侧重供给、路径分析。

为消解"最后一公里"困境,价值层面分析属于前提性的探讨。思考有品质的学校追求何种服务品质,绕不开名校这个概念。名校是社会转型发展中无法回避的一个概念。关于名校的种种定义、解释、情结、选择或批判,其背景是社会转型过程中充斥着各种价值观碰撞与行为失范,而价值观碰撞实质上是对名校的不断再定义。人们对于名校的关注或再定义,也表明名校是无法回避的概念。无法回避的是什么? 无法回避的是名校需要从"个"走向"群",无法回避的是名校需要从扩大影响力转为增强核心能力,无法回避的是名校从追逐狭隘的学业水平走向追求由品性与质量组合而成的品质。

在这样的思维下,有品质的学校需要追求品性、追求质量。衡量评判的重要主体是学生和家长。从根本上而言,有品质的学校要以促进每一个学生学习为指向。美国制定的中小学校长专业标准提出了六条标准,每条标准的落脚点都是校长成为促使所有学生成功的教育领导者。英国、新西兰的中小学校长专业标准,也是强调校长的角色在于提高教学和学校领导质量[①]。近年来不断发展的有效学校运动、学校改进运动、特许学校、磁石学校乃至分布式领导的理论与实践,均指向于学生学习。

品质的衡量维度只是学生学习吗?有品质的学校还需要以相关利益当事人满意度为重要衡量标准。根据对东西方教育评价的反思与比较,尽管东西方之间存在差异,但都越来越重视利益当事人的满意度,包括学生满意度、家长满意度以及教师满意度。如此一来,学生素质发展取向和当事人满意度取向,构成衡量评估学校服务品质的"双元模型"。除此之外,在学校组织持续发展的意义上,学校的可持续发展与核心能力是衡量品质学校的第三维度。总而言之,学校品质发展,追求的不是外在的影响力,而是形成内在的能力;实现的不是就事论事地解决问题,而是形成结构性的系统或制度性的安排;聚焦的不是学校内涵之外的事务,而是指向于学生学习的促进。

三、困境消解:供给分析

学校治理是学校品质发展的关键环节。学校治理致力于学校组织内的变革,并通过变革建立学校应对内外部挑战的常态化能力。与提高学校在同行或社区中的办学影响力和声誉不同,学校治理的着眼点在于组织内部而非外部,这对于学校的可持续发展显得更为关键。学校治理旨在改变自上而下的管制,实现多主体参与学校发展,形成协同、创新的机制。也就是说,学校治理遵循系统的法则,而非碎片化的办学行为。学校治理不同于常规管理,常规管理的要素涵盖人、财、物和信息等,而学校治理的注意力主要在于人,把教师作为最重要的人力资源,把促进学生学习作为最根本的着眼点。

(一)赢得教师"参与"行为

"做不完的事情",是在与教师座谈访谈中经常听到的一句话。这句话的背后既意味着

---

① 李江桦,刘振疆.美国、英国、新西兰三国校长专业标准比较及启示[J].外国教育研究,2017(12):39—43.

学校变革的复杂性,又意味着教师时间是学校改进的一个重要变量。为了考察时间变量的影响,2015 年在上海开展的一项学校抽样调查,特别设置了一道题目:"根据目前的学校实际情况,您如果要参与一个学校创新项目,最需要哪些方面的保障?"选项包括 7 个,分别是:(1)制度保障;(2)自我能力的提升;(3)有时间;(4)项目与工作能够有机结合;(5)有合作的氛围和机制;(6)有好的合作伙伴;(7)有专家指导。

调查结果显示,教师选择的最关键变量是"有时间"。在与调查学校校长解读分析这个调查结果时,大家有相当高的认同度。确实,"有时间"成为学校改革和创新的重要前提条件。问题是,教师真的缺少时间吗,时间都花费到了哪里? 这不得不令人反思。

反思命题一:什么是尊重教师? 2015 年茅盾文学奖获奖作品《繁花》的作者金宇澄在"凤凰读书"上曾给年轻作者两条建议:一条是"写自己熟悉的",另一条是"把自己跟别人分开"。实际上,这同样适用于教师。在校长引领教师发展的过程中,教师需要成为研究者,但教师的研究不同于大学教授的研究,应该写自己熟悉的教育教学生活,同时需要在追求个性化教学的过程中实现专业发展。只有这样,校长才能在实质意义上尊重教师。这也是上海市教科院普教所自 2004 年起在上海市乃至长三角推广"学校发展创意设计"概念的重要背景之一。面向教师的学校发展创意设计,是一种说明文,旨在让教师说出教育教学生活中遇到的问题、解决问题的创意(idea)、创意转化为行动的步骤与工具设计(design),这既不同于注重逻辑、抽象概念的学术性议论文,也超越了基于具体教育教学情境的简单化总结或反思。实践证明,学校发展创意设计,在时间上有助于教师把研究与工作整合起来,既解决教师关心的时间问题,又能推进学校教育教学的创新。从法理上而言,尊重教师意味着给予教师专业自主权,自上而下、由外而内的管制教师的思维不利于教师专业自主权的享有。

反思命题二:什么是好的学校发展规划? 科学、合理、可行、有针对性,是衡量学校发展规划水平的重要价值准则。但从学校调查结果的分析解读来看,教师参与的规划才是好的规划,并且应将学校发展规划视为一个体系,不仅包括学校发展总体规划,还包括与教师生活和发展直接相关的课程规划、学科规划和教育教学项目设计乃至创意设计。教师参与规划,不仅仅是指参与学校发展的总体规划,还要能够参与课程规划、学科规划、项目设计。与参与学校发展总体规划相比,参与课程规划、学科规划和项目设计,才是"最后一公里"。根据 2015 年的抽样调查,在教师参与学校事务的行为中,参与学科规划、项目设计是所占比例最低的两项行为。而实际上,教师参与学科规划、项目设计具有重要的意义。TALLS

（OECD 的教师教学国际调查项目）的数据分析显示：当教师参与本校决策时，他们对自己的教学能力就会更有自信心（自我效能）。从此意义上说，教师参与学校的课程规划、学科规划和项目设计是最后且关键性的步骤。为此，在学校治理中保障教师的制度性参与，既是目标认同角度的具体实践，又是用制度的思路实现目标、破解学校变革实践难题的必经之路。

（二）形成服务核心"产品"

学校转型不是零散的而是系统的，包括价值转型、运行体制机制转型、技术系统转型等。在三者中，技术系统转型是关键，但目前较为薄弱。什么是技术系统转型？技术系统转型不仅仅是指向信息技术的应用，还包括课程开发的技术，更重要的是课程实施过程中的软技术。对于一所学校而言，好的教育理念、好的工作方案，最终往往都需要课程实施的支撑。但课程实施的过程不是简单地知道什么是对的、什么是好的就可以解决的，而需要学校形成支持教师有效实施课程的核心"产品"。

之所以借用"产品"的概念，旨在关注两层含义：

一是教师尽管享有教学自主权，但学校有必要开发面向广大教师的校本化的课程实施工具，比如操作指南。在推进课程教学改革过程中，教师知道了不等于理解了。教师如果仅仅是知道文本，充其量是一种文字概念意义上的认同，而难以有相应的行为跟进，最终导致行为结果与预期目标之间的鸿沟。填补鸿沟的办法很多，但说教式的办法是失灵的，依然需要建立在尊重、理解的基础之上。开发教师易理解的操作指南，目的正是在于让教师从操作指南中理解目标、实践目标、达成目标。

二是学校形成的课程实施工具应该是在研究基础上，基于教师的经验、智慧共同形成。也就是说，学校为了提升服务品质，有必要思考下列问题：学校到底有哪些方面的操作指南手册？这些手册的编制过程中教师和中层参与的程度是怎样的？这些手册在新教师培训和教师专业发展过程中发挥了多大的作用？在学校一校多部管理或学区化集团化办学中的作用是怎样的？等等。

（三）突破学校自评"瓶颈"

传统的评价是自上而下的，依靠经验判断、数据孤岛，而有效的自评应该是参与主体多元、评价工具多样、数据整合分析科学。学校服务品质的提升,不能只是依靠自上而下的评价,也需要注重自我评价。当然,这并非易事。简单化地把学校自我评价理解为工作总结是不科学的,也无助于学校品质提升。学校自我评价应该贯穿于学校办学过程之中,而不是一个时间点上的被动应付。十年前,上海市向明中学的一份创意设计方案"让学生向老师推荐一堂成功课",是一个范例。向明中学的学生评教不是一次性活动,而是一种制度安排,贯穿于学生的高中学习生涯。把学生评教结果运用于对教师的考核评价,同时融入学校创造教育特色办学实践中。

评价是教师的一项权利。从国际上看,受第四代评价理论的影响,评价从鉴定控制走向合作协商。在理念上,把教师评价视为检查教师乃至惩罚教师的理念已经过时,让教师评价回归教师自我诊断与成就激励成为趋势。理念转变与否,可以从教师感知到的学校评价环境加以衡量。若教师能够感知到评价对于专业发展具有促进作用,回应了自己与同事的关切,那么这种评价是积极的评价,是教师喜欢的评价,有助于突破"最后一公里"困境。

评价是目标认同的保证。目标不是静态的,而是动态的,这是学校变革行动日益呈现出的特征。目标动态性调整,有赖于科学的评价,知道哪些子目标已经实现,哪些子目标还没有实现,实现的经验是什么,没有实现的影响因素是什么。同时,目标动态性调整,有利于多主体参与评价。没有参与,就没有认同。教师、学生和家长参与学校评价,既是依法维护当事人评价权,同时在参与的过程中实现信息的沟通和反馈,凝聚彼此认可的共识。换句话说,评价不只是数字计算乃至借助信息化手段实现数字的自动化计算,评价的结果应该是多主体同意的计算结果。

综上所述,按照治理理念,突破"最后一公里"困境的过程,也是提高学校品质发展能力的过程。从价值准则层面理解学校品质发展能力,具有丰富的实践内涵与空间。首先是要坚持问题导向。坚持问题导向,一是在学校规划层面针对规划制定过程参与主体多元性、实施过程责任主体执行力等方面的改进空间,提高学校发展规划的品质,切实发挥规划在学校办学中的引领性功能;二是在办学要素层面针对内涵发展过程中存在的突出问题,激发全体教师参与课程改革的积极性,提升学校课程实施的品质。其次是重点关注学生品质分析结果的转化应用。学生品质是品质教育的最终落脚点,学校品质发展的关键是将学生品质分析结果落实到学校层面,转化成学校改进行为。学校品质发展,一方面以提高学生品质为指向,另一方面基于学生品质结果的实证分析,所以学校品质发展是为实现学生品质发展的行动过程。这个过程是实证分析的过程,同时是实证分析基础上的变革过程。最后则是形成学校自主发展机制。学校品质发展旨在形成学校自主发展机制,增强学校可持续发展能力。为此,在观念上需要从传统的学校管理走向现代学校治理,努力建立现代学校制度,调适学校发展的内外部关系,创新学校治理方式与工具,在扩大学校办学影响力的同时提高学校发展的效能。自主发展机制不仅仅是治理的载体,也是评价学校品质发展能力的重要途径。

第一章

走向循证的品质学校治理

在"品质学校治理：五步循环改进法"的实践与反思基础上，本书通过"问题—主体"变化及其影响分析，提出了走向循证的学校治理范式。其主要特征为：一是以促进学生学习为中心；二是从"掏口袋"到循证改进的行为转型；三是多主体的参与过程。

前一章明确了实现服务品质提升的、最后且关键性的步骤之后，如何把握就成为一个现实问题。上海市教科院普教所与嘉定区教育局合作开展的品质教育研究与实践项目，设计提出"品质学校治理：五步循环改进法"。这是基于国内外学校发展的新理论和新趋势，以及嘉定区多年来推进现代学校制度建设和 2013 年以来开展"学校文化建设三年行动计划"等方面的实践背景，由八所中小学校参与、嘉定区教师进修学院给予大力支持的一项面向学校办学实践的行动研究项目。八所项目学校是嘉定二中、华亭学校、戬浜学校、启良中学、杨柳初中、金鹤小学、叶城小学、真新小学。五步循环，包括诊断分析、提升计划、组织实施、证据收集、效果评判。

第一步：诊断分析。采用 SWOT 分析法，通

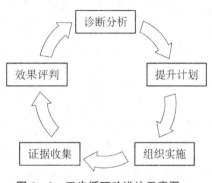

图 1-1 五步循环改进法示意图

过访谈、问卷、观察等方式来了解学校治理、课程教学、队伍建设等方面的情况,分析学校表现背后的原因,寻找学校的最近发展区,发现学校新的增长点。在诊断分析基础上,撰写诊断分析报告,包括基本情况、特色亮点、发展瓶颈、面临机遇与问题挑战、对策措施与拟重点突破项目。学校发展的诊断分析,可以是学校自行开展;也可以是学校先行自评,然后邀请有资质的机构开展第三方评估。学校基于自评报告与第三方评估报告,更能够形成客观、系统的综合分析报告。

第二步:提升计划。依据诊断分析找到的新的增长点或最近发展区,设计实施项目,制订行动计划,明确目标、项目及行动路线,形成改进方案。项目组与学校共同制订提升计划,区行政部门与业务部门评估认可。八所项目学校均已制订了学校提升计划,包括现状分析、改进目标、改进举措与成果预期等。

表1-1 上海市嘉定区"五步循环改进法"项目学校的提升计划

提 升 计 划	学 校
建设一流科学高中战略定位与规划	嘉定二中
以明强文化引领学校品质提升的改进计划	启良中学
基于校本JIA课程优化的学校改进计划	杨柳初中
勤文化背景下教学文化改进计划	叶城小学
基于生活课堂导向的学校改进计划	戬浜学校
提升新耕读文化内涵和品质的改进计划	华亭学校
以师资发展为引擎的学校改进计划	金鹤小学
以小能人课程为依托的学校改进计划	真新小学

第三步:组织实施。按照五步循环改进法的设计,组织实施是一个考验执行力和创造力的关键阶段。学校根据提升计划,组织人力、物力与财力,形成推进机制,逐步落实提升计划中的各项任务,争取达成各项目的。根据项目学校组织实施的进展状况,项目组将参与协助,督促实施。

第四步:证据收集。本项目的一个重要特点是,在实施中和实施后利用观察、访谈、调查、测评等方法,收集有关教师、学生和学校的变化的证据,作为分析学校品质改进效果的依据。学校需要随时收集相关证据,而项目组将研制观察、记录、调查及测评工具,引导项目学校收集证据资料,并对相关证据资料进行分析。

第五步:效果评判。作为追求改进的行动研究项目,八所项目学校、项目组与有关专家、区行政和业务部门一起,将利用定性与定量的方法,参照提升目标、任务,通过对有关促进学生、教师和学校发展的证据的研究,分析改进效果,寻找背后的原因,并提出下一步的努力方向。

目前,八所项目学校均完成了学校诊断报告,形成了基于学校发展问题导向的改进计划,并在组织实施中遵循重点解决"最后一公里"的思路。本章拟从一般意义上提出并论述循证的品质学校治理。循证的品质学校治理,是"品质学校治理:五步循环改进法"深入推进基础上的提炼,从深层次上而言是学校发展中,问题的变化、主体的变化及其带来的影响所决定的。那么有品质的学校与学校治理的关系是什么?同样需要通过分析问题与主体的变化带来的影响予以回答。

一、问题的变化及其影响

学校发展面临的问题或挑战具有多重性,且是动态变化的。本书无意于全面系统地罗列分析所有问题,而是聚焦于问题变化所带来的影响。基于这样的定位,本章试图通过分析学校致力于提高学生学习主体性而引发的制度变革需求,来呈现问题变化所带来的影响的机理。

(一)学生学习主体性发挥是学校改革的重要理念

改革开放四十年来,基础教育经历了从普及到追求品质的重大变化。这对教育发展重心产生了深刻影响。在以提高质量为中心的基础教育转型过程中,改革聚焦于学生,重心逐渐从政府层面向学校层面转移。教育政策的价值在学校发展过程中得以实现,教育公共服务通过学校作用于学生。在政府履行公共服务职责基本到位的前提下,公众对基础教育的满意度取决于学校提供教育服务的过程和质量。学校正在成为教育改革发生和创新的策源地。激发学校发展活力是各级教育行政部门深入推进教育改革的基本目标。学校不再仅仅是资源配置的客体,同时是创造、集聚、运用教育资源的主体;不仅是改革的跟随者,也成为改革的策划源和实施者。加强学校自主发展及其能力提升,是实现基础教育现代化的现实需要。

促进每一个学生的学习，是学校主动发展的根本指向。从全球视野来看，以学习为中心正成为学校发展的潮流指向，有效学校运动、学校改进运动、特许学校、磁石学校等都把学习作为中心；脑科学、认知与神经科学的发展，为打开学习过程的黑箱提供了更多新的证据与支撑。从我国基础教育改革和发展任务来看，强调学生学习的主体性，以及关注与学生学习相关的课程、师资、环境等，提高学生学习品质，满足人民群众对优质教育的需求，是学校深入实施素质教育和提高区域教育现代化水平的重要衡量因素。

强调学生在学习过程中的主体性是课程改革的新理念。正在深化的课程改革倡导学生自主探究、实践体验和合作交流的学习方式，开展研究性学习，其核心理念就是要充分发挥学生在学习过程中的主体性，这是提高学习有效性、促进学生主动发展的需要，也是现代教育的重要特征之一。正如德国教育家第斯多惠所指出的，"如果使学生习惯于简单的接受和被动的学习，任何方法都是坏的；如果能激发学生的主动性，任何方法都是好的"。[①] 世界著名教育家杜威倡导的进步教育所确立的反对从外面灌输，注重个性的表现和培养；反对外部纪律，主张自由活动；主张从经验中学习；主张尽量利用现时生活的各种机会等原则，其精神实质也是强调学生在学习过程中的主体性。1972年联合国教科文组织提出了教育报告《学会生存——教育世界的今天和明天》，其中鲜明指出："未来的学校必须把教育的对象变成自己教育自己的主体。受教育的人必须成为教育他自己的人，别人的教育必须成为这个人自己的教育。"

目前，广大中小学及幼儿园开展的自主学习、多种多样的学生自主活动，在动机、目的上都是为了充分发挥学生在学习过程中的主体性，提高学生自主发展的意识与能力。这是基础教育的应有使命，也是构建终身教育体系与学习型社会的坚实基础。以学生自主活动为例，其价值不仅仅在于促进学生个体的自主发展，而且在于让学生在自主活动中体验自主与责任的关系，感受到责任心的重要性，树立"责任是自主的首要前提"的意识；体验个体与集体的关系，让学生在集体中快乐学习，和谐发展；体验自主与创新的关系，认识到自主是创新的前提，是创新的入手点，创新是自主的目的、着眼点和落实点；体验同伴交往的规则与快乐，认识到自主交往不是随意交往而必须以规则为基础，只有这样才能使交往变得更快乐；体验选择的痛苦与快乐，在选择中成长、长大……另外，开展学生自主活动还有其

---

① 曹孚. 外国教育史[M]. 北京：人民教育出版社，1979：211.

社会发展的价值,即开展学生自主活动,能够促进学生学会自主选择、自主组织与管理、自主调控与评估,同时也是适应信息时代知识几何级增长,构建终身教育体系,建立学习型社会的需要。

(二) 当前课改实施过程中存在学生学习主体性的异化

学生学习主体性异化主要有两个方面的表现:一是学生学习主体性的形式化;二是学生学习主体性的夸大化。不管是形式化,还是夸大化,其结果都是学生的个性并没有得到充分张扬,学生的潜能并没有得到充分激发,致使教师的教与学生的学仍旧不能摆脱传统教育的特征。这一问题不予以解决,必将影响课程改革的实施效果。

1. 学生学习主体性的形式化

所谓形式化,就是课堂上的提问非常频繁,课堂气氛比较活跃,用日本学者佐藤学在《静悄悄的革命——创造活动、合作、反思的综合学习课程》一书中的话说就是"闹哄哄(发言过剩)"①,但实质上教师仍是按照自己的预设推进教学进程,教学中缺乏有效的生成,学生的积极性、创造性、想象力并未真正得到激发。相反,过于热闹的气氛,影响了学生的认知思考。如案例1-1中教师在课堂上使用的高频词——"对不对",折射的正是基于既有经验、先验观念的教学方式。

案例1-1 "对不对"的背后

现象:在一所普通高中举办的青年教师教学公开课竞赛中,一位教师很喜欢提问学生,但观察发现,课堂教学中存在一个值得思考的现象:该教师在学生回答问题后,通常有两种回应:一种是"你说得很对,坐下";另一种便是直接表达自己的观点,然后看着学生说"对不对",而学生总是保持沉默,接着便对学生说"坐下"。

现象的背后:这位教师大量运用提问,其初衷是激发学生学习的主体性,促进师生之间的互动。但这位教师所说的"对不对"这样一个教学细节,却暴露了这位教师对学生的提问是抱有预期答案的,并通常坚持自己的答案。其实,在具有这种对待学生发言的态度的情

---

① [日]佐藤学.静悄悄的革命——创造活动、合作、反思的综合学习课程[M].李季湄,译.长春:长春出版社,2003:21.

况下,教师很难跟学生真正互动,表面上是尊重学生学习的主体性,激发学生学习的主体性,但实质上并没有活跃学生的思维,因为当教师说了"对不对"之后,很少有学生再"敢"公开表达与老师不同的观点。正确的提问与回应规则应该是:教师如果觉得学生回答问题不清楚或者与自己事先的想法有较大出入,就应该继续追问学生,问学生为什么这么说。只有这样,学生学习的主体性才能真正得以发挥,学生的认知才能越来越清晰,提问、对话才能产生实效。否则,提问与灌输就没有本质上的差异,都是一种完全的预设,而缺乏生成,这显然不符合二期课改的指导思想。另外,有研究者指出,教师带有预设的满堂问还会带来一个后果,就是学生从小就学会揣摩、猜测他人的意图,学会察言观色;这样的学生会考虑"老师希望我回答什么,怎样回答才能令老师满意、受到老师表扬"等。对他们来说,重要的不是"我如何思考、我的意见是什么、我的想法如何"。这无疑压抑了学生的创造性,削弱了学生的主体性。

2. 学生学习主体性的夸大化

所谓夸大化,就是过于夸大学生的自主学习能力,把"自主"等同于"自行",放任学生自行学习,而忽视教师在学生自主活动中的应有角色。其结果是导致学生自主活动的盲目、肤浅,学生并未获得具有教育价值的体验。显然,没有教育价值的体验和自主活动自然也就不能被称为课程。

(三) 学生学习主体性的异化具有制度方面的成因

人生活在制度之中,制度影响人的行为。正如著名教育家杜威所说:"和制度相比,个人没有精神的权利;个人的发展和教养在于对现存制度的精神的恭顺同化。"[①]这也正是许多语文课文、文学著作常常揭示的一个主题,即"人物的悲剧其实是制度的悲剧"。

制度是一个中性词。制度可能解放人、发展人,但也可能禁锢人、束缚人。人类文明的发展史,其实也是一部制度的改革史。作为培养人的教育事业的发展,需要制度的不断创新、合理化,以解放学生、解放教师。在教育史上,学生的作用与地位得以在进步教育运动中凸显,正是得益于教学制度的改革,如杜威的经验课程组织、设计教学法、道尔顿制等。

① [美]杜威.民主主义与教育[M].王承绪,译.北京:人民教育出版社,1990:63—64.

众多中小学近年来开展的学生自主管理、免修免试等制度改革与探索,对发挥学生学习的主体性都有积极的作用。相反,以学科为中心的教学管理制度、学生社团活动分离在课程之外等制度,对学生学习主体性的发挥具有制约作用。可见,制度对学生学习主体性的发挥具有影响作用。课改实施过程中学生学习主体性的异化也必然具有制度方面的成因,需要从制度的角度予以分析、解决。

总之,发挥学生学习的主体性作为一个现代教育教学理念,必须与现代制度契合、配套,否则,理念将难以转化为实践。学生学习主体性研究不能只停留在理论、方法层面,更需要制度层面的研究。为此,在上述三个方面背景下,以切实发挥学生在学习过程中的主体性为出发点,为学生学习主体性发挥提供制度保障,是必要的行动。行动的重点不是学生学习主体性本身,而是影响学生学习主体性发挥的制度。这是学校变革中问题变化带来的影响。

(四)"学生学习主体性"与"制度"之间的内在联系

根据前面对主体性与制度两个概念的分析,主体性是在关系、交往中表现出来的,而制度在本质上是一种交往的规则、关系的规定,因而"学生学习主体性"与"制度"之间具有内在的联系,联系的中介就在于关系、交往。

教育教学活动中的关系、交往主要有以下六个方面:学生与学习内容的关系、学生与教师的交往、学生与学生的交往、学生与家长的交往、教师与教师的交往以及教师与家长的交往等。

制度影响学生学习的选择性、主动性。在学生学习过程中,学生与学习内容的关系主要表现为:学生是否有选择学习内容的机会,或者说学生是否必须按照统一的进度学习统一的内容;是否要求学生对学习内容进行预习乃至自我准备;是否要求学生对学习内容的掌握情况进行自我检查、总结与改进等。在传统的以注重规模和批量生产为特征的教学制度中,由于学生是在同一内容、进度下,接受知识的灌输,因而缺乏主体性。正如有学者所鲜明指出的:"学生的被动性一定程度上是教学制度造成的。因为,以分科教学为基础的班级教授制没有赋予学生选择内容、方法、进度的权利。"[1]

---

[1] 迟艳杰.对"发展学生主体性"表述的批判与分析[J].教育理论与实践,2000(6):2—5.

制度影响学生地位、优势智能发挥与个性发展。在学生学习过程中,学生与教师的交往主要表现为:学生单向接受教师的知识灌输/与教师保持双向对话;学生仅仅接受教师的学业评价/学生也参与评教;教师模式化地对待学生/教师尊重学生的差异,采用个性化的指导等。这些前后不同的交往表现,实际上反映了两种不同的学校教学授课制度、学习指导制度、教师教学评价制度。而学生学习主体性的发挥需要的是师生对话制度、学生参与评教制度、教师个性化指导制度,因为只有这样的制度才能保证学生在教学中的地位,才能促进学生优势智能的发挥与个性的充分发展,也才符合素质教育的精神与要求,符合"学生是顾客"、"学生多元智能"的现代教育思想。

制度能够促使学生挖掘潜能与开展自我反思。在学生学习过程中,学生与学生的交往主要表现为:学生之间是否开展小组谈论与交流,学生之间是否开展合作学习,学生之间是否互评等。在现代学校教育制度中,学生小组讨论及其程序、学生合作及其方式、学生互评及其程序,是学校教学制度的重要组成部分。小组讨论学习制度有利于激发学生学习的积极性、主动性和创造性,让学生在讨论中展示自己的个性,挖掘自己的潜能;而学生互评制度有利于促使学生换位思考,积极反思自己,从而提高学生学习的主体性。善于反思是学生具有学习主体性的重要标志,因为学生学习方法的自我调控是以反思为基础的。

制度制约学生的表现是"我要学"还是"要我学"?在学生学习过程中,学生与家长的交往主要表现为:家长单方面强制要求学生或者家长与学生保持双向沟通,家长训斥学生或者指导学生,家长与学生是否具有共同学习的时间和空间安排等。学生与家长不同的交往方式实际上是不同的家庭教育制度,对学生学习积极性与有效性具有制约或促进的作用,这也对广大中小学通过家长学校等渠道实施家庭教育指导制度提出了要求。一些家长坚持的单向强制学生、盲目训斥学生、把学生关在书房等家庭教育行动准则,本质上是家长没有把学生作为学习的主体,引导学生学会自主学习,促使学生"我要学",其结果是不仅不能提高学生学习的积极性与有效性,而且往往引起学生的逆反心理,甚至导致心理不健康。

制度影响学生学习的究竟是分离的知识,还是能够解决现实生活中复杂问题的能力?在学生学习过程中,教师与教师的交往主要表现为:不同学科、年级的教师之间是否就学生发展问题进行相互交流、开展合作。教师之间的交流与合作制度,在以知识本位、分科为特征的传统教育中没有存在的价值,因为每个学科教师只需要教好自己的课程。但在以学生发展为本、整合为特征的现代教育中却是至关重要的,因为教师之间的合作与交流,是二期课改推进过程中学校开发与实施综合课程、促进学生全面发展、形成完整人格的重要保证。

否则,学生只能孤立地学习知识,难以提高解决现实问题的能力,从而降低学习的主体性。

家访制度影响学生学习的积极性与优势智能的发挥。在学生学习过程中,教师与家长的交往主要表现为:教师是否开展家访,与家长互通信息;教师是否在家访中积极表扬学生等。这实际上涉及的是学校有无家访制度以及家访制度的具体规定。由于家长往往比较了解影响学生学习的一些困难或障碍,而教师希望家长与学校保持合作,同时学生也希望家长认可自己的努力并理解自己,因而良好的教师家访制度对学生学习主体性发挥的作用是不容忽视的。因为教师在家长面前对学生尤其是后进生的一个表扬,往往会极大地提高学生学习的积极性;教师从家长那里了解到的学生的一个优点,往往会促使教师去发挥学生的优势智能,从而促进学生学习的有效性与个性的充分发展等。

总之,学生处在制度之中,校内课程、教学与评价等方面的制度直接或间接地影响着学生在学习过程中的态度与行为,而学生学习态度积极与否、学习行为自觉与否、优势智能发挥与否,则是学生有无主体性的衡量标准。

基于上述分析,在实施课改过程中,学生学习主体性切实而有效的发挥,需要五方面的制度保障:课程管理制度、学生发展指导制度、学生评价制度、教师评价制度、教师办公制度。这五方面的制度共同构成了保障学生学习主体性发挥的制度体系。

一是课程管理制度。主要是规定学生与学习内容的关系,涉及学生对课程的选择制度、学生对课程的评价制度、学生参与课程开发的制度、学生课前预习制度、学生课后复习制度、学生社团活动的课程化制度、学生共同开展探究活动的制度、学生课程免修制度等,着重保障学生在学习过程中具有主动性、选择性,能够发挥优势智能与发展个性特长。

● 学校给予学生课程选择权,由学生自主选择适合自己兴趣、特长与潜能的课程的同时,对学生的选择有必要的约束,尤其是在选择程序、退出条件等方面,以引导学生"为了发展而选择","带着责任而选择"。

● 学校给予学生课程评价权,定期开展学生课程满意度的调查,同时为学生提供"评议"课程的机会,向学生征求课程改进的意见和建议,尤其是具有个性化教育需求的学生的建议。学生满意度调查与评议机制的区别在于,前者侧重定量分析;而后者侧重定性分析,并且通过让学生叙述较为具体的事情、现象及感受,来具体、直接地了解学生对课程的看法。

● 学校给予学生课程开发权,倡导学生积极挖掘课程资源,开发校本课程。但学校明确规定学生不能脱离生活和兴趣去挖掘与开发课程,而须从多方位的现实生活(诸如学校生活、家庭与社区生活等)中,积极、主动、富有创造性地挖掘课程资源。另外,学校鼓励学生以团队的形式开发课程,并对难度大的学生课程开发项目实行审批、备案机制,以便教师开展针对性指导。

● 教师对学生课前预习与课后复习的安排,既要明确任务,又要留有空间,而非统一布置任务,以促使学生根据自己的学习基础有针对性地予以预习和复习。也就是说,要切实发挥学生学习的主体性,学生课前预习与课后复习制度须坚持差异化、个性化的准则,而避免统一化、指令化、一刀切的做法。

● 学校开展学生德育活动,每个时间段内要确定一个主题,给学生以预期,提高学生参与活动的主动性与创造性。

二是学生发展指导制度。主要是规定学习过程中学生与教师的关系,涉及教师在小组讨论中对学生的指导制度、教师与学生在小组讨论中相互回应的制度、教师在学生自主活动中对学生的指导制度、教师对学生开展网络教育与引导的制度等,着重保障学生能够围绕学习目标的达成,切实发挥想象力、创造性,提高发散思维水平、批判思维水平与辩证思考能力。

● 在课堂教学中正式开展小组讨论之前,教师须保证每一个学生都加入一个小组,每个小组的人数不宜过多,每个小组安排主持人、发言代表各一名;教师须明确讨论内容与任务以及基本要求,并询问学生有无异议之后再正式开展讨论。

● 在学生开展小组讨论过程中,教师须走下讲台,在各个学生小组之间巡回,以了解学生讨论的状态,及时发现问题并给予指导,同时引导学生掌握好时间,控制好讨论氛围。

● 当小组讨论结束后小组代表发言时,教师须引导学生注意倾听,并在小组代表发言结束后为其他学生提供补充或质疑的机会与时间,同时自己要认真倾听,以便对学生的发言给予积极回应,主要体现为表扬、追问、建议等。

● 在学生开展研究性学习与各种自主活动之前,教师须鼓励学生提出主题,同时要求并指导学生写出活动方案(目标、内容、资源、人员、时间、地点等),以事先预料可能存在的困难及应对措施,从而保证活动的开展具有可行性与必要性,实施顺利。在活动开展过程之中,教师要及时了解学生遇到的问题,与学生进行讨论,帮助学生理清思路,必要的情况下寻求学校的支持。在活动结束后,教师须对学生提交的活动报告做出格式与要求上的规定,创造机会展示学生的报告,以激励学生自主学习的积极性,提高学生探究的成就感。

● 学校要建立校园网管理制度,在校园网中设置学生讨论窗口、学生作品展示窗口,并要求教师在冷静观察学生的基础上适时介入,肯定学生的积极之处,引导学生多角度、辩证地看待问题。

● 学校根据学生的身心发展特点与需求,有针对性地指导学生的学习,对幼儿、小学生、初中生、高中生采取不同的指导策略。

三是学生评价制度。主要是规定学生与学生、学生与教师的关系,涉及学生自评制度、学生互评制度、学生成长手册记录制度、学生档案袋评价制度、学生作品展示制度、学生家庭教育制度、学生学分制评价制度、学生奖惩制度、学生免试制度等,着重保障学生能够积极地自我反思学习方法与效果,并及时开展自我调控;能够体验到学习进步带来的成就感,并激发学习兴趣。

● 教师注重学生自评与互评,并且在安排学生开展自评或者互评时,须明确自评或互评的目的、程序与基本要求,而不能只布置任务而没有具体要求。另外,学校要保留学生自评档案,追踪学生学习策略的变化,适时调整调控手段。

● 教师对学生发展信息的收集,须发挥学生的积极性,为学生创造多种自我记录平台(编制符合不同学段学生特点的个性化的成长记录手册,建立学生电子信息库,在校园网中设置学生个人网页等),并及时发现学生的进步、展示学生的进步,激励学生,提升学生自信心。

● 学校实行学分制,必须"上不封顶,下要保底",设奖励学分,奖励各方面突出的学生,奖励在原有基础上取得显著进步的学生,奖励具有个性化特长的学生。另外要向学生明确免试的意义、程序与条件要求。

● 学校实行家庭教育辅导制度,建立家长学校,开设学生多元智能、学生激励策略与表扬艺术等辅导报告。

四是教师评价制度。主要是规定学生与教师、教师与教师的关系,涉及教师课堂教学评价制度(把提问质量、积极回应学生、合理使用多媒体、有效激励学生作为重要的指标),教师合作开发课程的奖励制度,学生参与评教的制度等,着重保障学生能够在学习过程中拥有独立思考时间与安心思考氛围、表达自己真实想法的机会,能够在评价教师教学特点中反思自己的学习方法与策略并及时加以调整。

● 课堂教学评价标准明确清晰,不模糊使用"积极提问学生"、"使用多媒体"等字眼。须明确教师提问学生要有质量,如提问具有适切性、层次性、广泛性等;须明确教师使用多媒体要合理有效,如多媒体演示内容应符合学生学习需求,可以是来自学生准备的背景资料等。

● 教师教学考核指标强调教师教研积极性、教师合作开发与实施课程、学生满意度调查结果等指标。

● 学生评教的内容主要表现为教师教学的特点与方法,并要求学生写出教师教学特点与方法合理与否的理由以及自己的适应情况。同时学校要建立学生评教信息整理分析制度,以便从学生评教信息中了解学生的学习需求与状态。

五是教师办公制度。 主要是规定教师与教师、教师与家长的关系,涉及不同年级教师之间的合作制度、不同学科教师之间的合作制度、学生作业布置交流制度、学生学习潜能交流制度、教师家访制度等,着重保障学生的学习时间、作业布置能够得到优化,学生能够学到非孤立化的知识,其优势智能能够迁移到其他学科而得以发挥,其积极性能够得以激发。

● 建立跨年级、班级与学科的综合教研组、备课组、课改研究小组、特殊需求学生个性化辅导小组等教师办公组织;定期举办教师沙龙、教师论坛,为教师提供平台与时间用于交流与分享相关经验,尤其是关于学生学习的潜能、学生学习中的闪光点、学生学习取得明显进步的过程等经验。

● 重构教师会议制度,由班主任召集各学科教师开会,就学生作业布置情况、学生课堂突出表现、学生综合实践活动实施情况进行交流,并予以协调安排,以真正做到以学生发展为中心,而不是以学科知识为中心。

● 学校规定教师在一定时间内必须对每一个学生进行家访,要对特殊需求学生进行多次家访,并对家访内容、程序与方式提出基本要求。尤其要做到教师家访前要告知学生;教师家访时学生要在场;教师家访的内容主要是肯定学生进步程度和表扬学生的闪光点,交流学生学习的困难与需求。

综上所述,提高学生学习主体性是现代教育发展的趋势,是需要正视的一个关键问题,但它不是单纯的课程教学方法问题,而是与制度变革密切联系在一起的。

二、主体的变化及其影响

"只讲生存条件的沉重困难而排斥其他一切困苦,无异于对很大一部分反映社会秩序的困苦视而不见和不理解。"①

——皮埃尔·布尔迪厄

① [法]皮埃尔·布尔迪厄.世界的苦难:布尔迪厄的社会调查[M].张祖建,译.北京:中国人民大学出版社,2017.

布尔迪厄的"秩序的困苦"在学校发展中至少存在着三个类别：一类是学校内部的秩序，一类是学校与社会之间的秩序，还有一类是校际之间的秩序。这三类"秩序的困苦"能否摆脱，是对学校治理能力的一大挑战。

后两类"秩序的困苦"虽然是从外部而言的，但是不可忽视。学校自主发展迫切需要基于研究的专业服务。随着基础教育不断深化改革，进入转型发展时期，学校自主发展过程中的问题解决与行动创新，迫切需要基于研究的专业服务，包括思想理论的支撑、方法技术的应用等。国内外成功的学校变革或改进经验也表明，科学研究在其中发挥了重要的作用。近年来基础教育学校通过制定实施规划、开发实施课程、促进教师专业发展、变革学校管理与文化、引入先进的教育质量评价理念，提高了自主发展意识及办学水平。但基于实证的学校发展研究还比较薄弱，对于是怎样的学校和课堂运作过程产生了结果优势这一问题仍需要加强研究，关注过程，把结果特征与过程性因素关联起来分析。融学校发展理论、方法、技术的综合研究变得越来越重要。从校际来看，学校所在区域的环境成为学校发展的重要考虑因素。因为随着均衡优质发展的推进，以学区化、集团化办学等为代表的公共政策的出台，将学校发展置于区域教育发展系统中这种方式不仅必要，而且立足区情、凸显学校特色，成为多样性生态中的重要组成部分。这体现了科学的教育发展方式。

本部分探讨的重点在于第一类秩序，即学校内部秩序。我们从"和师生一起经营学校"的背景开始论起。"和师生一起经营学校"[①]，是对深圳市沪教院福田实验学校"文化重构"策略的概括。这里的关键词有两个：一个是师生，一个是经营。前者指明了主体，后者则饱含着主体性的意蕴。把两者结合起来思考，就是本部分论述的主题——主体变化带来的影响。

主体变化的表现是什么？从校长拓展到师生，并以"一起"的方式出现，其意义在于使师生成为学校的主人而非看客，同时赋予校长领导力新的内涵——校长和师生一起经营学校的能力。在学校，师生对校长的追随不是一个简单的上与下、前与后的概念。在传统的学校管理学中，校长的角色是学校的领导者。但按照国际上影响越来越大的分布式领导理论，教师同样是学校的领导者，校长只是领导者的领导者。这样的理论及其背后的观念都是对传统意义上追随概念的改变。改变的实质在于文化的改变。如果说传统意义的追随

---

① 李伟涛.和师生一起"经营"学校——深圳市沪教院福田实验学校"文化重构"策略的分析[J].上海教育科研,2012(6):22—24.

更多强调行政、级别、权威,那么这里表达的追随则是致力于追求有温度的愿景、推进行动的协同、作为服务者的身份。这正是主体变化所带来的影响。下文逐一分析三个方面的影响。

(一) 追求有温度的愿景

共同的愿景,意味着学校文化重构的价值取向在于学生的成功和幸福。"我们的学生并不是最优秀的,但是他们怀着各自的梦想,规划未来的路。……三年的高中生活,将成为他们一生中最幸福的校园生活回忆。""我们的教师并不是最出色的,但是他们热爱工作。……为每一位学生都能不断取得成功所洒下的汗水和付出的心血,使教师们获得了教书育人的成就感和幸福感。"[1]这是深圳市沪教院福田实验学校提出的办学愿景。这样的愿景,是有温度的愿景,注重适宜的生长而非外部的强加,是从自上而下文化到自下而上文化的转变,具体来说包括两层含义。

1. 聚焦每一个学生的成功和幸福

无论是公办学校还是民办学校,都是教育公共服务系统的组成部分。在此系统中,学校的使命是促进每一个学生的发展。发展是一个很广义的概念,然而事实上许多学校把它窄化为学生学业发展,甚至学业成绩。学业成绩不能涵盖学业质量,学业质量又不能涵盖学生发展质量。在社会转型期,受功利化影响的教育价值观过度关注学生学业成绩,而忽视学生的幸福和个性发展。以牺牲幸福和个性发展为代价的学业成绩,是一种传统的学生发展质量观,不利于学生终身发展,不符合知识社会对学生素养提出的要求。

深圳市沪教院福田实验学校的学生发展观是:学生发展的起点是能够正确认识自己,发展的重点是认真地改变自己,发展的目标是拥有对美好生活追求的动力和能力。学校教育应该引导学生克服各种陋习,走出失败的阴影;帮助学生克服在高中阶段学习生活中遇到的各种困难,为他们架设起不断获得学习成功的阶梯;教育学生要对自己负责、对家庭负责、对未来负责,从而树立起人生的信念,感受到学习的快乐,体验到生活的幸福。

上述学生发展观的三个关键词——起点、改变、成功,其蕴含的本质思想是把学生作为

---

① 李伟涛. 和师生一起"经营"学校——深圳市沪教院福田实验学校"文化重构"策略的分析[J]. 上海教育科研,2012(6): 22—24.

活生生的人,尊重学生,激发学生内在的追求幸福的能力,因而具有鲜明的现代性,与传统的学生质量观截然不同。在传统的学生质量观中,学生被作为标准化的产品来培养,达不到标准的就予以淘汰。而在教育现代化背景下,学生质量观的核心内涵是把学生作为活生生的人,尊重学生学习的基础、兴趣和潜能,创造条件促进每一个学生全面而有个性的发展,让学生感受成功、获得幸福。

2. 关怀学生的过程体验

学校文化重构不仅是价值观层面的转变,更重要的是办学实践中对学生发展的关注。深圳市沪教院福田实验学校是一所民办高中。在黄孔辰校长看来,民办普通高中有三类:一类是高端办学,一类是中端办学,还有一类是低端办学。而不管是哪一类,快乐学习、学有所得是最重要的。从高中教育的功能来看,高中教育作为义务教育之后、高等教育之前的最后一个基础教育学段,肩负着为学生升学和就业提供扎实基础、双重预备的任务。"基础"和"准备"是高中教育在"培养人"上的两个关键词。但对于基础和准备的理解不能窄化,不能局限于知识层面的基础和准备。否则,学生的学习过程将是一个痛苦的过程,教师的教也是一个痛苦的过程,整个学校文化将被学业结果导向的文化主宰,淘汰、失败、竞争就成为学生描述高中三年生活的核心词汇。

学校文化重构就是改变学生三年后描述高中生活的词汇,它们应该是成人、成长和成功。高中教育的功能就是要为学生成人、成才和成功奠定扎实基础,提供充分准备。由于大多数高中生毕业时的年龄是 18 岁,是法律上规定的成人年龄,处于世界观、人生观、价值观形成的关键时期,面临走向社会、认识职业、选择职业乃至从事职业的发展需求,因而,成"人"是高中生必须具备的首要素质。成"人"在含义上不仅仅指进入成人年龄,更重要的是形成正确的世界观、人生观和价值观,掌握宽广扎实的知识,树立公民意识及发展服务社会的能力等。高中生无论是升学还是就业,都将面临选择职业、从事职业或者为今后从事职业做准备等情况,因而,成"才"是高中生素质发展的核心目标。成"才"在评价标准上是多元的,不仅仅是传统的应试教育下的标准——升学,尤其是进入重点大学,也包括接受高等职业教育,进入社会就业;不仅仅是掌握了多少知识,更重要的是知识的学习力、判断力、创造与应用力,或者说,具有学会学习的能力和较高的综合素质。因为没有知识的学习力,人的终身发展将失去基础;没有知识的判断力,人们的价值观将变得模糊,影响个体在社会中的行动以及人与人之间的交往;没有知识的创造与应用力,人力资源将难以切实成为第一资源。高中阶段素质发展的最终目标,是让每一个学生成功。在这里,成功包括了成人、成才两个方面或者说两个基本维度，并且更注重从学生持续发展的角度进行评价、衡量。

（二）推进行动的协同

如何让成功和幸福在学校里生长？这是一个实践命题。学校文化重构不是名词而是动词。学校文化重构从策略到实践的推进，包括主体、技术、评价等要素。围绕这些要素，可以有不同的路径。深圳市沪教院福田实验学校的"和师生一起经营学校"实践，其推进路径是围绕学生成功和幸福，依靠多主体的共同行动，基于文本开发和引导而实现的。

为推进学校文化重构从策略到实践的转化，深圳市沪教院福田实验学校编写了三本书，分别是：《学校文化之"明明白白做学生"：天生我材必有用》（下文简称《天生我材必有用》）、《学校文化之"明明白白做教师"：传道授业解惑》（下文简称《传道授业解惑》）和《学校文化之"明明白白做父母"：亦师亦友亦父母》（下文简称《亦师亦友亦父母》）。

1. "天生我材必有用"：让学生在学校里发掘潜能

在一所现代学校，学生的角色应该是怎样的？不是被动地接受学习、教育，而是成为学习、教育的主体。学生是学校经营的重要主体，学校经营的价值在于使学生在学校里发掘自己的潜能。

"每个人都有自己所擅长的和所生疏的，每个人都有自己的价值，都有自己存在的意义，所以，不要拿自己的缺陷同别人的长处相提并论，不要自卑，不要自怨自艾，相信自己，是金子总会发光。"这是沪教院福田实验学校《天生我材必有用》序言中的话。该书分为上下篇。上篇包括黄孔辰校长致高一新生的祝贺信、校长给学生的 20 条忠告、习惯左右你的命运、现代中学生的"十个学会"、高中生必读的 15 个故事、中学生如何保持健康的心理、高中生常见心理问题的自我疏导等；下篇则为学生在学校里学习、生活的相关制度。

其实，教育中的无数事实表明，学习成绩好的学生在其他方面的表现可能并不比学习成绩差的学生好，学习有困难的学生在其他方面的表现并不一定都差。而多元智能理论为每个学生成功提供了重要理论支撑。多元智能理论认为，人类的智能包括八个范畴：语言智能、逻辑数学智能、空间智能、肢体运作智能、音乐智能、人际智能、内省智能、自然探索智能等。每个学生都有自己的智能强项和潜能，每个学生都有可能成功。学校在培养学生各方面智能的同时，必须关注每一个学生特别突出的某些方面的智能。

深圳市沪教院福田实验学校推出的"校长助理"就是一个典型的案例。学生通过担任校长助理,收获的不仅仅是交往沟通能力、组织能力,更重要的是自信、成功感,对他人的理解和欣赏,以及对学校组织更为深刻的认识。而这些校长助理的收获也间接传递给广大同学,产生更大的外溢效应。在班级层面,学生自主管理的意义非同寻常。班级是学生成长、发展的基本场所,是学校文化重构的基本单位。班级文化建设,必然依靠学生自主管理。对于后进生来说,一个明显的特点就是管不住自己,又不服从别人管束。但让学生成为班级文化建设的主人,让学生管理他人,则会改变自己的心态,有助于建立一个相互理解、包容、监督和帮助的班集体。

在学校文化重构中,不能仅仅依靠口号和说教,而必须寓文化建设于各种学校活动之中,使师生在活动中接受学校文化的浸润和默化。为此,沪教院福田实验学校还开展了系列活动,营造"热岛效应"。学校每年都设计一系列的校园主题活动,如艺术节、科技节等学生才能展示活动,师生读书节,教师教学技能比武,家长才艺展示活动,学生论坛,教师论坛,家长论坛等,做到"月月有主题、周周有活动",营造"热岛效应",确保学校文化在学生经营学校的生活中持续"发酵"。

2."传道授业解惑":探索适应学生的有效教学

教师是学校发展的第一资源。学生主体性必然是在关系中的主体性,教师在学生获取成功和幸福的过程中起着非常重要的作用。没有教师的指导、帮助,学生的成功和幸福将会缺失支撑。当然,在学校文化重构中,教师不再是自上而下的灌输者,而是要适应学生的需要和特点来设计并实施教育教学活动。

深圳市沪教院福田实验学校编写的《传道授业解惑》,不仅包括了教师职业道德规范、教师须知、教学常规管理等制度,还有黄孔辰校长给全校教师的一封信、教师必须知道的 10 条心理学定律、学生常见问题的心理问题及其教育对策、"我心目中的理想教师"等。该书对学生心理问题的关注和对教师心理学知识的要求,是具有启示性的。关于教师专业发展可以划分出多个维度,比如知识维度、能力维度、行为维度。其实,还包括一个重要维度,即品性维度。

教师的品性是什么? 书中"校长给全校教师的一封信"中有一段话是这样写的:"也许你的业务水平一般,为无法提高学生成绩而烦恼不已。其实,我更注重的是教师的师德和人格,因为在某种程度上人品可以决定水平。只要你对学生多加关爱和尊重,对工作更加认真与敬业,一定会赢得学生的爱戴。让学生幸福成长与健康发展,远比考试分数重要得多!"上述这段话揭示了教师品性的两个重要衡量指标:一是关爱学生,心中有学生;二是关爱学生的幸福与健康。前者容易,后者难,但却是关键。在许多学校包括名校,教师是站在高处关爱学生;而真正关爱学生,需要教师把学生放在高处,和学生一起经营学校,让学生在三年高中生活中快乐学习、享受幸福。

为提升教师品性,实践学生快乐学习的追求,深圳市沪教院福田实验学校积极探索适应学生的有效教学模式。学校开展了"提高民办高中薄弱学生学习适应性有效教学模式研究"。基于研究,开发了《促进基础薄弱学生发展的有效教学模式实施手册》。这本手册不仅阐述了有效教学的内涵、理念、基本原理和主要特征,还提出了有效教学模式的基本框架、操作策略、实施的评价标准、教师实施需具有的专业准备等。解读这本手册,可以选择的视角有许多,包括框架的科学性或者说内在逻辑效度如何、操作性如何、可推广性或者说外在的效度如何等。而从学校"教育幸福人生,学习快乐一生"的办学理念出发来解读,更有深意。有效教学的最根本的衡量标准是学生的成功和幸福。也正是在此意义上,黄孔辰校长在实施手册序言中提出有效教学的三个因素:有效教学从教学规范起步,有效教学是充满生命活力的教学,师德是有效教学的灵魂。这三句话主要是对教师品性的要求,是站在师生一起经营学校的高度来说的。

3. "亦师亦友亦父母":促使父母成为孩子的良师益友

和师生一起经营学校,这不仅仅是对学校管理者提出的,还包括学生家长。国外关于家校合作的研究和实践非常丰富,这与其社会发育程度、家长参与学校管理事务的积极性密不可分。在我国社会转型期,随着各种教育价值观的产生、传播和碰撞,从家长身上表现出的各种行为失范越来越多。为此,让家长成为孩子的良师益友不仅成为一个家庭教育指导问题,也成为学校文化重构中的重要问题。

深圳市沪教院福田实验学校的《亦师亦友亦父母》,正是基于社会转型和学校文化重构的背景而提出来的。在该书中,不仅有学生一日常规、学生学习常规、学生文明礼仪规范等,还有校长给家长的一封信、给学生家长的建议、高中生家庭教育的盲区及应对方法、家长应该知道的 10 条心理学定律、如何架设两代人沟通的桥梁、父子为何不能"哥俩好"等。实践表明,每位家长拿到《亦师亦友亦父母》之后都愿意看,都有触动和收获。许多学生从家长的观念和行为转变中成为受益者。

让父母支持和参与经营学校过程,实质上就是使父母和孩子一起经营他们的生活,让孩子在三年高中生活中体验成功和幸福,为未来的发展奠定心灵成长的基础而不只是知识基础。让父母支持和参与经营学校过程,也是在学校文化重构中对家长角色的再定位,不仅仅把每位家长作为"顾客",而且是共同育人的"战略合作伙伴",把家长的建议和意见作为改进教育教学以及各项服务管理的重要推动力。西方发达国家学校变革的实践也表明,家长是介入和推动学校变革的新主体。当然,基于我国社会转型特征和家长参与的可能深度,把家长作为学校文化重构的推动力,以家长的改变来改变学生和教师是必要且可行的。

(三) 作为服务者的身份

和师生一起经营学校,除了家长之外,校长是关键主体。在某种意义上,校长领导力就是校长和师生一起经营学校的能力。在文化重构中,校长需要从管理学校转为经营学校,更多地关注并满足学生的需求,注重调研和发现学生个性化需求,成为一个服务者。

深圳市沪教院福田实验学校文化重构过程中的一个典型现象,就是校长与学生的沟通内容和形式。为了解学生需求,黄孔辰校长深入班级开展调研,发现学生在社会实践、体育方面具有浓厚的兴趣和期待。为此,学校做出了每年开展两次运动会的决策,还根据学生的提议开展"校长杯"篮球赛。学校组织学生到社会实践基地开展的活动,成为学生最喜欢、最难忘的高中生活经历。校长每周都与学生代表在餐厅里有一个午餐时间,气氛相当宽松,了解学生在学习、生活方面的需求。另外,在深圳市沪教院福田实验学校,学生给校长写信、校长给学生回信已成为一种常态的沟通方式。这种沟通方式与电话沟通、面谈、网络沟通相比,尽管回归到了传统的书信方式,却更能让学生自由表达,让学生感觉亲切。书信沟通的内容非常广泛,诸如学生个体需求或群体需求、班级建设、社团活动、教师职业道德、学校管理等。在某种意义上,学生写信和校长回信成了学校文化重构过程中的一个代表性现象。

校长与学生沟通的上述案例,从一个侧面揭示了校长在文化重构中应有的职责及履行职责的方式。校长是学校的决策者,而科学的决策必须基于证据。证据的类型包括调查统计的数据、观察到的现象、倾听到的故事等。其中,后两者是广大校长所熟知的,而数据分析能力是学校办学中相对薄弱的能力。一所学校要变革、超越自我,必然需要及时了解和发现办学中的细节问题或倾向性问题。因此,校长在文化重构中就是一个发现信息、分析信息和基于有效信息及时调整的决策者。这也是学校文化重构过程中校长领导力的重要体现。当然,基于数据分析的校长领导力开发,不是校长个体独自分析,而是与学校领导班子及中层管理人员共同分析。没有中层管理人员分析能力的提升,学校发展中的问题也难以被及时发现和准确捕捉,从而影响学校诊断判断的正确性和决策的科学性。从这个意义上说,校长领导力开发的一项必修课是与师生的沟通和信息分析。

在我国推进普通高中多样化、特色发展背景下,每个学校都面临着转型的使命和学校文化重构问题,每个学校也都可以进步。而衡量转型和进步的核心是学生成人、成长和成功,这正是学校文化重构中校长重新定位角色,提升领导力,和师生一起经营学校的出发点和落脚点。

综上所述,主体变化带来影响,并逐渐实现收益的最大化。这种收益不仅体现在学生的素养发展上,也体现在教师的自我效能感、校长的领导力等维度上。TALLS(OECD 的教师教学国际调查项目)的数据分析显示:当教师参与本校决策时,他们对自己的教学能力就会更有自信(自我效能)。同时,有学者基于 PISA 数据的学校治理差异研究表明,教师参与治理可以激发教师的组织公民行为,从而提高学生对教师的满意度。[①]

三、循证范式的特征

走向循证的品质学校治理,其特征可以概括为三个方面:一是以促进学生学习为中心;二是从"掏口袋"到循证改进的行为转型;三是多主体的参与。

(一) 以促进学生学习为中心

推动学校品质服务水平提升,存在着两种力量:一种是系统内部的力量,体现为对学生身心发展规律的尊重,提高学生综合素质,满足学生个性化学习需求。另一种是系统外部的力量,体现为家长对学生的期待。系统内外部两种力量是相互影响的,有时还存在对抗和冲突。家长和学生均属于学校供给的公共服务的接受者,但分别代表成人文化和儿童文化两种不同的文化,而且它们在社会转型背景下存在着反差。受社会功利化、家长经验和

[①] 解洪涛,李洁,陈利伟.参与式治理、社会文化与学校的教育绩效——基于 PISA 数据的东亚国家学校治理差异研究[J].清华大学教育研究,2015(2):64—73.

认知水平的局限,并不是每一个学生家长都具有学生健康第一、学生终身发展的理念并贯彻于实践,"不让孩子输在起跑线上"的认识误区仍影响着家长对于基础教育公共服务的判断。学生喜欢、满意的学校学习生活,未必能够得到家长的一致认同和支持。家长的要求、安排已成为学生参加校外各种兴趣班、竞赛班的重要原因。而无视教育规律、简单迎合家长需求的教育实践行为也在一些学校中存在。两种文化的差异要求我们必须正视功利化现实问题,同时寻求两种力量的融合,把促进学生终身学习作为融合点。

走向循证的品质学校治理,以促进学生学习为中心,并非仅仅是在理念上认同以学生发展为本,而且是与校长专业标准的出台、校长领导力理论的演进以及学习科学的发展等联结在一起的。其意蕴包含在三个"关注"之中:

关注学生学习的深层次公平。所谓深层次公平,即不停留于入学机会公平,同时关注过程乃至结果公平。为此,深化课程教学改革,以构建自主、启发式的教学体系为目标,在教学环节中重视学生学习的主体作用,完成从"学会"到"会学"的转变,提高学生自主学习的能力和兴趣,并力求通过制度建设,做到关注教师课堂教学中的公平,关注学生平等选择课程的机会,最终真正做到全面促进学生发展。

关注学生学习的效能。影响学生发展的因素有多个方面,包括学校课程的丰富程度、课业负担的轻重、师生关系的情况、班级文化、家庭教育等。对照这些影响因素,促进每个学生发展对于每一个国家和每一所学校来说都是一个严峻挑战。通过优化多方面影响因素,提高学生学习效能是品质学校治理的不懈追求。

关注学生学习的环境。这里的环境包括硬环境与软环境。坚持软硬环境一起抓,为学生创造安全快乐的学习生活环境,旨在激发学生的学习潜能,给学生智慧的启迪和美的享受。在品质学校治理中,针对不同年龄段学生的身心发展规律,推进教育设施设备的标准化及标准的精致化是十分迫切且必要的。即使是课桌椅、楼梯宽度、卫生间的坑位设置、镜子位置的高低、饮水机位置的高低、食堂餐桌椅的位置摆放等,都要满足学生与教师生活、学习和发展的需要。

(二) 从"掏口袋"到循证改进的行为转型

所谓"掏口袋"行为,即行为往往局限于自身经验,预设性过多、动态性太少,封闭性太强、开放性不足。"掏口袋"的行为体现的不是用心,而是随心。这种行为出现在家庭里无可厚非,但发生在承担公共服务职能的学校里则显得不合理。这实际上把传统意义上视学校为"家"进行了观念上的纠正和深化。"掏口袋"行为的背后是线性思维,比如认为有了正确的理念,就自然会有适宜的行为;花时间去做某事,就会有好的结果。而实际上并非如此。在从理念到行为的转化过程中,需要信息的获取和分析作为媒介。学校发展能力的提升,需要在行为上从随心式的"掏口袋"走向循证。学校发展能力的提升,不能摸不到"循证"这块"石头"。循证与"掏口袋"行为具有本质上的不同。循证,需要把自身的行为作为分析的对象,通过多维度的信息整合,运用科学的方法乃至借助工具进行分析。

表1-2正是按照循证的思路设计的分析框架。针对上海市长宁实验幼儿园的易趣活动设计能力提升问题,设计了对教师信息获取能力的分析框架,内容包括教师信息获取的途径,并对每个途径的特征进行描述。按照此特征,对每类教师的符合程度进行赋值,1代表不符合,2代表不完全符合,3代表基本符合,4代表完全符合。分值越高,表明教师在信息获取能力上的表现水平越高。

表1-2 教师信息获取能力评价表

途 径	特 征 描 述	分值		
		教师1	教师2	教师3
观察幼儿学习的投入程度	● 关注幼儿参与活动的选择性行为 ● 关注幼儿在活动中专注维持的时间 ● 活动中的幼儿与环境互动、师幼互动、同伴互动的频率			
幼儿记录的图式符号解读	● 能分辨幼儿符号表达的意向 ● 能将幼儿各类记录建立联系,从中获取信息 ● 理解幼儿对所记录图式、符号的解释			
倾听幼儿对事件的叙述	● 能关注活动中的关键事件 ● 如实记录幼儿对事件的叙述			
平均分				

同样,教师信息分析能力是循证改进的另一个重要方面。表1-3可用于对教师信息分

析能力进行判断。这个分析框架包括教师信息分析的途径,并对每个途径的特征进行描述。按照此特征,对每类教师的符合程度进行赋值,1 代表符合单源信息分析,2 代表符合多源信息分析,3 代表基本符合信息—行为关联分析,4 代表符合信息—行为关联分析,分值越高,表明教师在信息分析能力上的表现水平越高。

表 1 - 3　教师信息分析能力评价表

途　径	特　征　描　述	分值		
		教师 1	教师 2	教师 3
单源信息分析	● 对单一信息进行前后对比分析 ● 能辨识、筛选有价值信息			
多源信息分析	● 信息整合 ● 信息印证			
信息—行为关联分析	● 与幼儿学习行为进行关联 ● 与教师活动实施行为进行关联			
平均分				

(三) 多主体的参与

品质学校治理必然是多主体的参与,这是治理与管理的重要区别。治理是 20 世纪 90 年代在批判新公共管理理论基础上形成的一种新思想,其核心价值取向是改变统治、管制,发挥公共部门之外的公众或社会组织的作用来实现发展目标,强调变革服务提供方式,扩大服务提供的主体范围,引入社会监督评价机制。伴随教育公共性特征的凸显、人民群众对生活质量与子女接受优质教育期望值的提高,多主体的参与在学校治理中愈发显得重要。

1. 教育公共性特征逐渐凸显,这成为公众参与学校治理的价值前提

教育是什么? 这是一个古老的话题,也是教育改革和发展中的基本问题。随着现代社会的发展,作为培养人的社会实践活动的教育,成为一项公共事业。"教育不属于个人或团体(阶层、阶级)所有,而是属于全社会和公众所有,不是为了某个人、某个组织或某些利益群体服务的,而是为了全体公民与公众服务的,教育是为了满足所有公众的需要,是一种关

涉着每个人'福祉'的公共事业。"①从国际上看,教育,尤其是基础教育,是公共服务体系的重要组成部分,具有公共性特征,这已经成为国际共识,几乎所有的国家都将基础教育纳入公共服务的范畴。这也正是在现代社会讨论教育开放时,必须把公共性作为基本价值准则的原因。没有公共性的视野,教育开放就会局限于教育系统内部的开放,而缺乏对社会公众的关照。西方国家的教育公共服务改革,已从基本的资源配置拓展到促进教育内涵发展核心领域。公众参与、具有投票选择权的教育改革项目越来越多,因此,教育公共性特征是公众参与教育治理的价值前提。

2. 公众参与学校治理的目标在于提升学校品质

当前全球基础教育正在经历一场改进运动。西方的各种学校改进思潮多与追求民主平等有关,并有政府之外的公众的参与,包括家长以及大学、社会专业服务中介机构。美国的特许学校、中国香港的大学与中小学合作伙伴关系建立都是公众参与的典型案例。基础教育改进运动呈现出一些基本特征,比如针对薄弱学校实施改进,关注弱势群体的教育权利和学习质量;建立多元参与和合作机制,突破以往仅从教育系统内部改进质量的做法;基于教育质量监测数据,比如美国有一个强大的教育数据库,为促进学校改进提供支持,而 OECD 的 PISA 测试成绩也成为参与国或地区改进教育的重要证据。PISA 数据对于讨论教育政策和未来学校提供的分析变量或维度,除了资源分配、教与学、学校自主权等之外,还包括 SES(家庭经济社会地位)、公众对教育的态度。公众参与教育的程度、公众对教育满意的程度是衡量一个国家或地区教育现代化发展水平的重要指标。

3. 公众教育权利意识提升是参与学校治理的必备品格

治理思想之所以越来越受到关注,是与我国社会转型发展、社会事业管理面临诸多挑战联系在一起的。在基础教育领域,随着教育普及程度的提高,人民群众接受优质教育的需求日益增长,包括家长在内的公众的教育权利意识也在提升。这种社情民意的变化,对教育,尤其是与人民群众密切相关的基础教育的治理能力提出了挑战。应对这些挑战没有直接可借鉴的经验,尽管西方国家在公众参与教育以及民意调查方面有比较多的探索,但由于国情不同、社情不同、文化传统不同,因而需要我们基于中国的实际,对家长的教育观念、需求与权利做深入的分析,并在此基础上采取可付诸实践的行动。

公众教育观念之间的差异是从管理走向治理中必须予以关注的。我国公众与西方各

① 李润洲."教育是什么"的哲学追问[J].现代大学教育,2012(1):1—5.

国公众尽管都追求教育公平和教育质量,但关于公平与质量的教育观念认识存在着差异,并对教育改革实践产生影响,这也是西方许多理论和改革在中国不能复制和深入下去的原因。即使在中国公众内部,教育观念也存在着差异,比如有学者在调查分析后得出,教育理论工作者、教师与家长的教育观念之间存在显著差异,教育理论工作者的观念水平高于教师的教育观念水平,教师的教育观念水平高于学生家长的教育观念水平①,这也为教育治理提供了启示:既注重专家引领作用的发挥,关注家长的观念,同时把教师观念的变革作为一项重要工作,在教师专业发展过程中予以关注。在某种意义上,教师在专家和公众之间起着重要的纽带作用,应该在教育治理中把教师观念变革放在突出的位置上。

当前公众教育需求的复杂性使得从管理走向治理更具有现实意义。当前,人民群众不仅追求教育公平,而且对学校教育质量提出了新的要求,对优质教育需求的增长速度快于事业发展速度;在公众教育需求呈现多样化的同时,学校作为教育公共服务的供给者,承担着保障基本教育公共服务需求得到满足的使命;学校教育在合理满足家长需求的同时,还需要引导家长的教育需求。公众教育需求复杂的成因,既与我国经济社会转型发展密切关联,同时也与家庭结构的变化、家长受教育文化程度的提高、父母与子女相处时间的变化,以及家长获取信息的增多有关。这也意味着教育系统中的学校治理不能局限于教育系统内部进行思考和行动,而更需要学校与社会之间有效的互动途径。

---

① 蔡笑岳,于龙.我国公众教育观念研究[J].教育研究,2007(4):56—60.

第二章

品质学校治理中的校长领导力： 走向制度共建

> 循证不是纯粹技术意义上的数据计算,而是触及制度的深层次变革。基于指标、数据,又超越指标、数据,从制度建设层面思考与实践循证,这是品质学校治理中校长领导力的重要衡量标准。循证改进范式中的校长领导力,不再是制度占有,而是制度共建。只有如此,才能激发教师持续参与品质学校治理的积极性。

如何从主体角度理解品质学校治理？学生、教师、学生的家长、教师的家庭、社区里的人士、来自不同学段的专家,均是不可或缺的主体。就任何一类主体而言,都存在着内部差异。正如布尔迪厄所说,人们通常只根据两种极端的情形去把握学校的连续体,一端是良好家庭,一端是缺少文化优势的家庭,两端家庭的所忧所虑完全不一样。而不同类的主体之间在教育的立场上存在着差异甚至冲突。所以,学校校园里发生各种各样的事件不足为奇。校长对于事件的分析、判断与决策,确保事件在当前以及一个时期内产生积极的影响,是领导力的体现。正因为如此,超越理念,从关系意义上的制度层面探讨校长领导力,提升校长的实践智慧,是品质学校治理中的一个关键命题。

对于"制度"一词,无论是教育行政人员,还是中小学师生员工,恐怕都不会陌生,因为每所学校都有各种各样的制度,有些学校还把一些规章制度汇编成了手册。制度的产生、执行和修改,已成为中小学管理的重要内容,并对师生员工的情感、态度和行为产生了深刻而微妙的影响。在聚焦中小学内部管理制度建设这个问题时，需要对几个基本观点进行深入的认识：

第一，学校内部管理制度建设直接关系到师生员工对学校生活的满意度。

学校内部管理制度是国家或地方教育法律法规和政策的具体实践，同时也是校内广大师生员工交往与行动的规则。那么，制度是不是就要无情地规制、强制性地约束师生员工的行为呢？杜威关于劳动与闲暇的思想对回答这个问题很具有启发性。在 20 世纪初，杜威批判了把劳动与闲暇相对立的二元论观点，认为对立的结果只能使学生受到机械的教育而不是自由的教育，只能使教师职业停留在谋生的水平而不能上升到自由的水平。① 杜威的这一思想，实际上揭示了这样一个事实：广大师生员工来到学校，是为了工作、学习，同时也是为了生活，并且希望生活得自由、充实和愉快，体验积极的生存意义，而不是受到无情的训斥、强硬的压制或约束。这也就意味着，好的学校内部管理制度应该满足并保障师生员工这一心理需求，让他们在制度中享有自由、幸福的生活。然而，为数众多的中小学却存在着这样的事实：不仅学生由于作业负担过重，考试训练频繁如周考、月考，体罚或变相体罚现象时常发生而感到学习不快乐，而且一些教师也感到自己的生活并不自由、愉快，对基于学校管理制度的工作环境不太满意，常发一些牢骚，有些教师还出现了心理问题。导致教师在学校生活得不自由，甚至出现心理问题的原因，可能有社会浮躁、教师工资水平不高等社会因素；也可能有教师自身的因素，诸如性格存在缺陷、心理承受能力较差、婚姻家庭状况不如意等。但不可否认的是，校内管理尤其是管理制度建设，是影响教师对学校生活满意度高低的一个重要因素。

学校内部管理制度建设之所以会影响师生员工对学校生活的满意度，是因为制度不仅是分配资源和福利的规则，诸如绩效的发放、职称的评审、考核的优良等，直接关系到师生员工物质利益的获得，而且制度决定着师生员工在学校事务中的地位和精神自由，比如有没有参与决策的机会和发言权，是必须无条件接受校长的意志还是有选择权，教师与校长之间是简单、粗暴的科层关系还是平等的关系等。此外，制度对师生员工行动的时间和空间也具有规定性，例如签不签到，坐不坐班，可不可以不参加不感兴趣的讲座或活动等。一般来讲，当教师认为学校内部管理制度的安排不公平、不民主、不合理时，通常就会出现委屈、失落、反感等情感体验，从而对学校生活产生不满意感。

① ［美］杜威.民主主义与教育［M］.王承绪，译.北京：人民教育出版社，1990：265—276.

第二,学校内部管理制度建设是校长成功管理的关键。

校长拥有先进、独特的思想,并引导师生员工认可和内化这些思想,是校长成功管理的根本,也是学校成为名校的根本。苏联著名教育家苏霍姆林斯基也曾指出:"学校的领导,首先是教育思想的领导……"①在学校管理实践中,学校内部管理制度建设正是校长进行思想领导的一个很好的抓手。

学校内部管理制度是校长进行思想领导的重要载体。学校内部管理制度作为一种规则,成文或不成文的规定当然是必要的形式,但在本质上它负载着某种管理思想或理念。更为重要的是,这种管理思想或理念常常是与师生员工的利益、地位密切相关的,比如评价分配制度等,并且常常以会议的形式通过,是要求遵守的,不遵守可能就意味着惩罚。因而,借助学校内部管理制度,能够使管理思想影响到广大师生员工,渗透到学校各项工作中去。另外,制定制度是校长进行思想领导的重要环节。因为在制定制度的过程中,校长通过与师生员工进行沟通、研讨,不仅能够使校长的管理思想不断得到完善,也能够促使师生员工理解和认可制度所负载的管理思想或理念。总之,学校内部管理制度建设是校长进行思想领导的重要抓手,因而是成功管理的关键。

但在学校管理实践中存在对制度建设的简单化理解与做法。众多中小学校长都认识到了学校内部管理制度建设的重要性,很多校长在总结自己的管理经验或教训时也感受到了制度的重要性。他们往往把建立健全"规章制度"作为学校管理的重要工作来抓,安排学校领导班子起草、制定了大量规章制度条文,并汇编成手册,要求广大师生员工认真学习和严格遵守。如果谁违反了制度,就按照制度条文上的规定予以惩罚,以做到既"有章可循"又"按章办事"。然而,这里要指出的是,上述这种认识与做法是对学校内部管理制度建设的简单化理解。

学校内部管理制度建设不应当仅仅为了"建章立制"或者说为了"有章可循"而去制造制度条文,也不仅仅是为了"按章办事"而严格施行奖惩。有制度条文甚至编制出了手册,不等于学校就有了良好的规范和秩序;严格施行奖惩也不等于就能调动师生员工工作或学习的积极性,保证他们自由、创造性的工作或学习。制度的存在有时候反而会降低教职员工的士气,破坏干群关系。

学校内部管理制度建设应该努力保证所用的制度合乎制度的本质,借助制度实现管理

---

① [苏]B·A·苏霍姆林斯基.给教师的建议[M].杜殿坤,编译.北京:教育科学出版社,1980:42.

目标，给学校生活带来合理的秩序，促进组织的持续发展以及学校特色的形成，并使师生员工积极自觉地遵守制度，甚至养成稳定的行为习惯，保证他们从制度中获益，享受到工作、学习生活中的自由、充实和愉快。这是现代教育行政思想对制度建设的必然要求。现代教育行政思想认为，"教育行政成果不是看教育行政的计划、政策和措置等文字上的东西，而是看制定的计划、政策和措置等如何去实施，实施了多少，成绩有多大"。① 并且，"现代国家的教育行政不限于消极性的法律的执行和规制，应在重视立法机能和司法机能的同时，通过助成作用和实施作用发挥其积极性的作用。"②

那么，当前中小学是如何建设制度的呢？效果好不好呢？怎样才能更好地建设中小学内部管理制度，以服务于学校品质提升呢？这正是本章所提出的研究问题。

一、制度占有：学校制度建设的现状

目前，我国中小学内部管理制度建设的现状如何呢？或者说采用的是什么模式呢？这是分析的逻辑起点，因而必须首先弄清楚。只有弄清了这一点，才可能对其合理性进行分析，找到问题及症结，进而提出改进的新模式。

（一）校长热衷制度建设的背后——文本与占有制度

众所周知，由于我国中小学管理水平存在较大的地区差异和城乡差异，因而学校内部管理制度建设的状况、水平也不尽相同。但是，不同地区的中小学校长对学校内部管理制度建设都很重视，表现出"热衷"的态度或行为。比如，一些校长在杂志报刊上发表文章介绍自己的管理经验时，通常都引以为傲地谈到刚上任时的"约法三章"，并强调不管谁违反了规章制度，都会给予严肃处理。笔者根据收集到的学校发展规划文本分析，发现几乎所有学校都把"建立健全规章制度"作为重要内容，并对制定什么条例办法、什么时间内制定出来都做出了具体安排。在进行校长访谈时，许多校长都会拿出厚厚的一本规章制度手册，并将其作为管理经验予以介绍；在制度制定出来之后，校长往往会要求有关负责人组织

---

① 钟启泉，李其龙.教育科学新进展[M].西安：陕西人民教育出版社，1993：547.
② 钟启泉，李其龙.教育科学新进展[M].西安：陕西人民教育出版社，1993：498.

广大师生员工认真学习；当有人违法了规章制度时，校长常常会以制度条文作为处罚依据。

那么，校长为什么会热衷于"建章立制"和"严格照章办事"呢？或者说校长热衷的背后存在什么驱动力呢？根据访谈资料整理，众多校长都把学校内部管理制度建设与"不以规矩，不能成方圆"、"维持学校秩序"、"为学校改革提供制度保障"、"规范教师行为"、"调动教职员工的积极性"等目的联系起来。单看这些关键词，制度建设的动机、观念似乎是比较正确的。

然而，一些校长进行制度建设的具体做法却令人感觉到，其真实动机并不完全是他们所说的那样。众多校长虽然没有谈到"权力"两字，而实际上很多校长都把制度建设作为行使权力、树立个人权威的重要手段，或者说，制度建设成为校长权力的延伸。一些新任校长"约法三章"，其实是想借助规章制度树立自己的权威，向师生员工暗示他所说的话是有效力的、管用的；校长尤其是新任校长，当感到学校某方面秩序较为混乱或不符合自己的想法或偏好时，就命令有关负责人出台或修改制度，试图使学校能够按照自己的价值取向发展；校长为了争取获得科研先进单位或工作者的称号，就在教师评价标准中加大科研指标的权重，出台教师科研奖励制度，以促使教师在繁忙的课余写论文等。上述这些制度的制定，其实就是校长在施展自己的权力，只不过是没有直接发布命令，不再用嘴说话，而是以制度作为替身，让制度替自己"说话"。

校长借助制度行使权力、管理学校，本身没有什么错，反而是现代学校管理的重要标志，是"依法治校"的重要组成部分。学校内部管理制度就是校内的"法"，运用这种"法"来管理学校，可以避免由校长直接发布命令造成的专制，从而有利于学校管理民主化进程的推进。但问题在于一些校长在借助制度行使权力、管理学校时，不能正确运用权力，不能代表广大师生员工的利益，而是单纯根据自己的管理理念或行政意志建设制度。这就导致制度成为校长个人的"产品"，而广大师生员工只能遵守制度，因为不遵守就可能意味着惩罚或利益的损失。

综合以上分析，目前中小学校长虽然对学校内部管理制度建设十分热衷，并且对制度建设的目的有一定的正确认识，但从其进行制度建设的具体行为上看，或强或弱地存在着一种倾向或动机——运用行政权力把自己的管理理念或行政意志转变为制度文本，并使制度文本与师生员工的利益相挂钩，从而对师生员工进行管理。这是众多校长制定大量规章制度并汇编成册，组织师生员工学习，在对违反制度规定者进行处罚时常说"这是制度规定"、"按照制度规定办"等话语背后的重要动机。也就是说，校长热衷于规章制度建设的背后原因是：他们认为只要把自己的行政意志变为制度文本，拥有了制度文本，就能够管住教师。

实际上，这种动机或观念的实质就是试图"占有"制度文本。在经济学中关于公共产品与私人产品理论的启发下，并根据法学中的占有学说，本书把这种学校内部管理制度建设的模式称为"制度占有"模式。

（二）制度占有模式的基本特征

"占有"是指用强力或某种手段获得（《现代汉语大词典》2000 年版）；指使异己的东西成为自己的东西（《哲学大辞典（修订本）》2001 年版）。在法学中，"占有"通常是与财产、产权联系在一起使用的。《法学大辞典》（上海辞书出版社 1998 年版）把"占有"解释为对物件的事实上的支配、管领，把"占有权"解释为人对财物实际掌握和使用的权利。实际上，法学专家、学者对"占有"的含义界定还存在着分歧。概括起来，主要有三种界定：事实说、权利说、所有权权能说。[①] 事实说认为，占有是对物的占领、控制。事实说又因占有要素构成的不同分为客观说和主观说。客观说只把对物的实际控制称为占有；而主观说则认为只有既实际控制了物，又具备把物据为己有的意图，才能称为完全占有。权利说主张占有是一种权利，等同于"占有权"。所有权权能说则把占有理解为所有权的一种权能，不仅包括静态的占有，也包括所有人自身对物的使用和事实上的处分。

在教育学、学校管理学中，"占有"一词不太常用。不过，《创新教育的底蕴》一文[②]使用了"占有"一词，把"重占有"与"重生存"看作是两种不同的人类生存方式，认为"重占有"是以物为中心，将物据为己有，并排斥他人使用，而"重生存"是以人为中心。在知识观上，"重占有"注重的是"我有知识"，而"重生存"侧重的是"我知道"；在师生关系上，"重占有"的教师靠标准答案维护自己的权威，害怕与学生争论的失败，而"重生存"的教师不担心与学生争论的成败，愿与学生自由交谈。

根据以上关于"占有"的各种解释，本书把"占有"界定为个体或团体把"物"——学校管理实务和制度文本——据为己有的意图和对它的实际控制，而不管个体或团体是否

---

① 刘朝晖.论占有的概念[J].海南师范学院学报（人文社会科学版），2001(3)：71—75.
② 洪霞.创新教育的底蕴[J].现代中小学教育，2002(9)：1—3.

是物的所有人,是否具有掌握、使用和处置物的权利。这也就意味着"占有"既可能是合法占有,也可能是非法占有。进而,结合目前中小学内部管理制度建设的现状,提出"制度占有"的概念。"制度占有"是一种学校内部管理制度建设的模式,其核心是以校长为首的学校领导层把学校组织内部的管理制度文本试图据为己有,并控制制度文本的制定、执行和变革。概括起来,制度占有模式主要有以下三个方面的基本特征。

1. 制度是自上而下制定出来的

学校里往往有一本厚厚的制度手册,汇编了大量规章条例,涉及学校管理工作的各个方面。那么,这些规章条例是怎么制定出来的呢? 根据对访谈资料的整理,我们发现校内规章条例的制定基本上遵循的程序是:校长首先根据某方面的工作需要提出要制定一项制度,即确定问题;然后,在行政例会上或者专门召集相关领导人员开会,把制定某方面制度的意图、宗旨予以说明,并安排某位领导人员负责起草一个初稿,即起草方案;初稿起草好后,交由校长及主要部门负责人修改、补充、完善,在此基础上确定征求意见稿;然后,把征求意见稿下发到各教研组或年级组,征求广大一线师生员工的意见;最后,正式确定一项规章条例。

总之,这些规章制度是自上而下地制定出来的。所谓自上而下,就是制度的制定是由以校长为首的学校领导层提出来,制定的程序是由学校领导层向基层教职员工流动,教职员工大都是最后被征求意见时才知道制度制定的事情。因此,制度首先反映的是学校领导层的意愿,教职员工的意愿只在最后以征求意见的形式得以反映。也就是说,在制度制定过程中,教职员工的角色属于被征求意见者,而非主动提出制度建议的献策者,是一种被动的角色。

2. 制度执行是控制性的

制度制定出来之后,执行制度就成为一个重要的问题。因为规章条例的价值只有通过执行才能得以体现;没有得到执行的规章条例,只是一纸空文而已。所谓制度执行,就是制度执行者依据制度规定和要求,为实现制度目的,不断行动的过程。在不同的制度建设模式中,由于制度执行者、制度目的不同,因而制度执行机制也不相同。就制度占有模式来讲,制度执行是控制性的。

所谓控制性的制度执行,是指以校长为首的学校领导层运用规章制度条文,以及与之相配套的奖惩手段和方式,对广大教职员工的行为及价值观念进行限制、约束的过程。在该过程中,学校领导层与教职员工是一种控制与被控制的关系,即教职员工是规章制度的遵守者,必须按照制度条文的规定去行动;而学校领导层是教职员工遵守情况的评价者,当有教职员工违反规章制度时便对其予以批评和处罚,诸如扣发奖金,通报批评,剥夺"评先"、"评优"资格等。当教职员工对处罚表示不满,向学校领导层解释时,学校领导层通常以"这是制度规定的"作为理由给予否决。

3. 制度的变革通常是由行政意志主导的

校内管理制度变革是什么时候进行的,是怎么进行的? 这是制度变革的关键所在。因为只有保证制度在需要变革时予以及时变革,保证从一个制度顺利过渡到另一个制度,才能有效推进学校工作的顺利开展。否则,制度变革就会滞后于学校发展的需要,或者对学校日常工作、人际关系产生负面影响。制度变革同制度制定一样,与学校工作及人事安排、师生员工的利益和行为习惯是密切相关的。

学校制度变革的时机包括如下：第一,上级教育行政部门推出了一项改革或部署了某方面工作之后,学校为了配合上级要求而进行制度变革。比如,为适应课程改革或招生考试改革,很多中小学对教学常规、教学评价进行了修改,把研究性学习加了进去。第二,为了配合学校某方面改革而对管理制度进行变革。第三,新校长上任之后,往往会对学校"原来的制度"进行修改、完善或废除。

在上面所述的三个时期的制度变革过程中,一般都是校长根据上级改革的意图、自己的管理经验,与学校领导班子主要成员商量磋商后进行修改、完善,而很少去了解教师的想法,以获得教师的理解和支持。也就是说,制度变革是由行政意志主导的制度变革。这里的行政意志,既指上级教育行政部门的行政意志,也指以校长为首的学校领导层的行政意志。正如访谈过程中一位教师叙述的："修改制度,事先我们老师都不知道。一般都是到开会宣布时我们才知道。在会上,有时也会问一下我们有没有意见,若有意见,可向某负责人反映。实际上,很少有教师再去反映什么问题,只是老师私下议论一下,个别教师还会发点牢骚。"

综上所述,制度占有模式表现为三个方面的基本特征：制度是自上而下制定出来的;制度执行是控制性的;制度变革是由行政意志主导的。下文将对这三个特征分别予以分析,以寻找其问题、症结所在。

二、制度占有的失灵与局限

(一)自上而下制定式的缺陷

在制度占有模式中,制度是自上而下制定出来的,这一点前面已论述过了。问题是这种自上而下的制度产生方式合理吗?如果不合理,应该怎样提升其合理性?本部分首先揭示自上而下制定式的缺陷,然后在哈耶克"自生自发秩序"论的启示下,结合现实案例对制度产生的两种方式作辩证思考。

自上而下地制定制度,实际上是以校长为首的学校领导层把他们自己的价值观念和兴趣偏好转化为学校规章制度文本的过程。在该过程中,由于以校长为首的学校领导层起着主导作用,因而这种制度产生方式的最大优点就在于能够充分发挥以校长为首的学校领导层的作用,提高制度出台的效率。不过,自上而下的制度制定方式,并不能保证学校领导层能够制定出好的制度,因为这种制度产生方式存在着以下两个方面的明显缺陷。

1. 制定过程中信息掌握的不对称性与不充分性

从理论上讲,要制定一项规章制度,必须掌握充分的知识、信息。这些知识、信息,不仅包括最新的学校管理理念是什么、学校发展到底需要什么样的制度等,更包括该制度涉及的当事人的需要、利益和观念。也就是说,必须知道这些当事人尤其是广大教职员工、学生及其家长到底想不想或者愿不愿意学校出台该方面的制度;该制度的制定能够给他们带来什么利益或损失及其程度;制度出台后他们有没有能力和观念保证制度的执行等。这些方面的信息掌握得越充分,就越能保证所制定的制度符合当事人尤其是广大教职员工、学生及其家长的需要、利益和观念,促进他们的发展,同时保证制度出台后执行的顺利。

但在自上而下制定制度的实践中,以校长为首的学校领导层虽然对学校的情况比较熟悉,并最后通常会征求一下教师的意见,然而这远不能充分掌握上面所述的知识、信息,尤其是师生员工的需要、利益和观念方面的信息。因为这些知识、信息分散地存在于每个师生员工头脑之中,而学校管理者仅仅靠征求意见自上而下地制定制度,必然导致信息不对称,即由于双方地位、权力的不平等而导致双方不能实现平等、有效的沟通,以致制度制定主要体现的是学校领导层的意愿,而师生员工的意愿只有非常有限的体现,甚至得不到体现。

对学校领导层来讲,他们掌握制度的制定背景等方面的信息,并且由于当前大多数学校的校长是上级任命的,而不是广大教职员工"选"出来的,因此学校领导层往往首先向上级负责,了解并满足上级的需求,而不是向师生员工负责,了解师生员工的需求。而对师生员工来讲,他们往往不知道制度制定的相关信息,尤其是背景信息与过程性信息。与此同时,在众多教师的观念里,制度就等于压迫、控制。因而,很多教师参与制度制定的积极性不高,甚至存在逃避制度制定的现象,即学校要求教师参加制度讨论会议时,有些教师会找理由不参加。显然,在这种信息不对称的情况下,师生员工的信息自然不能充分上达,况且现实中很多所谓的"征求意见"只是一种形式。20 世纪著名的政治家、自由主义理论家、法学家哈耶克也曾一针见血地指出:"每一个社会成员都只能拥有为所有社会成员所掌握的知识的一小部分,从而每个社会成员对于社会运行所依凭的大多数事实也都处于无知的状态。"①

此外,学校管理者难以充分了解师生员工的需要、利益和观念方面的知识、信息,还有一个重要的原因就是:师生员工都是活生生的人,尤其是在当前社会发生转折的时期,师生员工的需要、利益和观念表现得更为复杂、多变。正如被访谈的一位校长所言:"当前,有些教师的心理很复杂,有点搞不懂,甚至有的教师出现了心理问题。其实,教师出现心理问题不一定都是学校管理不当引起的,而很可能是因为买不起房、家庭婚姻等问题引起的。但是,这些问题,我们做校长的是很难知道、很难了解到的。"这位校长所说的"搞不懂",其实就是校长掌握信息不充分性的一个具体说明。另外,班主任在班级常规管理中也时常感叹"现在的学生真让人搞不懂"。总之,在自上而下制定制度的过程中,学校管理者所掌握的信息是不充分的。

2. 制定结果的认可度或满意度不高

制度制定过程与制定结果是密切相连的。根据上面的论述,在自上而下制定制度的过程中,信息的掌握是不充分的,即由于学校领导层缺乏与广大师生员工或学生家长等制度当事人进行平等、有效的沟通,从而不能全面、准确地了解他们内心真实的需要、利益和观念等。而这必然导致教职员工或学生家长对制定出的制度的认可度或满意度不高。

所谓认可度不高,就是教职员工或学生家长等制度当事人,不愿或不能接受所制定出

① [英]弗里德利希·冯·哈耶克.法律、立法与自由(第一卷)[M].邓正来,等,译.北京:中国大百科全书出版社,2000:11.

的制度。之所以"不愿接受",是因为自上而下的制定程序是不公平、不民主的,学校领导层没有给他们表达意见的机会和权利,他们没有实质性地参与到制定制度的过程中去。也就是说,既没有让他们参与制度的制定,又要强制他们执行制度,这自然会使他们不愿接受制度,甚至产生逆反心理。正如《学会生存——教育世界的今天与明天》一书中所指出的,"教师们并不反对改革,他们反对的是别人把改革方案交给他们去做的那种方式,更不用说把一个改革方案强加在他们身上了"。① 而之所以可能会出现"不能接受"的情况,是由于学校领导层没有全面、准确地了解教职员工或学生家长的观念造成的。在不了解教职员工观念基础上制定出的制度,很可能会致使制度所负载的观念超出教职员工的理解能力。自上而下地制定学校内部管理制度,首先考虑的根本不是下属能否理解、接受,而是对上负责,执行上级命令,其结果必然是满意度不高。所谓满意度不高,是指教职员工或学生家长等制度当事人,对制定出来的制度表示不满意。一般来讲,满意度与认可度是密切相连的。认可度不高的制度,满意度往往也不高。不过,实践中也存在虽认可制度,但对制度并不满意的情况。比如,一些学校普遍存在的"周考"制度(一周一次考试)、"月考"制度(一月一次考试),虽然很多教师对这种为了应试而大量进行考试的制度不满意,但大多数教师还是认可的,因为别的学校都是这样做的,不这样做就可能会影响升学率。从这个例子中可以看出,制度当事人的观念、理念是影响满意度的重要因素之一。

除此之外,自上而下制定出的制度,之所以会令制度当事人感到不满意,还有一个重要的原因就是:在自上而下制定制度的过程中,学校管理者往往不能充分了解、掌握制度当事人如教职员工的需要和利益。而需要、利益是决定人们态度的重要因素。因此,当一项制度不能满足人们的需要,损害了人们的利益时,这些人就可能会对制度产生不满。

3. "自生自发秩序"论的启示

上面的论述表明,要制定出令教职员工、学生家长等制度当事人认可、满意的制度,就必须充分了解这些制度当事人的需要、利益和观念等方面的信息。而自上而下制定制度的缺陷,也就在于信息掌握的不充分性。那么,如何才能充分掌握信息呢? 哈耶克的"自生自发秩序"论,对解决这个问题具有重要的启示意义。

哈耶克认为,在现代社会、组织日益变得复杂的情况下,社会、组织中的个体不可能完

① 联合国教科文组织国际教育发展委员会.学会生存——教育世界的今天与明天[M].华东师范大学比较教育研究所,译.北京:教育科学出版社,1996:222.

全掌握自己所需要的知识，即人的理性是有限的，或者说，人是无知的。但无知是可以克服的。不过，克服无知的办法，不是使个体获取更多的知识，而是利用那些广泛分散于组织中的众多个体头脑之中的知识。如何利用这些分散的知识呢？哈耶克提出了他的"自生自发秩序"论。

"自生自发秩序"是哈耶克社会秩序规则理论中的一个核心概念。哈耶克的社会秩序规则理论认为，社会中存在着两类秩序：一类是人们熟悉的"人为秩序"，即由人有计划地刻意安排或建构的秩序；另一类则是经常被人们忽视的"自生自发秩序"。与人为秩序不同，自生自发秩序不是"由人（个体，如权力者）设计、建构"的结果，而是"许多人行动"的产物。或者说，人为秩序是为了特定目的创造出来的，而自生自发秩序则不存在一个特定的目的，它是众多个体之间经过充分、复杂的互动而生成的。也正是由于这一点，自生自发秩序通常比人为秩序复杂得多。正如哈耶克所说："那种含括了远远多于人脑所能探明或操纵的特定事实的极为复杂的秩序，只有通过那些能够导使自生自发秩序得以型构的力量的推进，才能实现。"①

那么，是什么力量致使自生自发秩序形成的呢？哈耶克认为，自生自发秩序的形成取决于对规则的遵循。不过，自生自发秩序所遵循的规则是"内部规则"，不同于人为秩序所遵循的"外部规则"。所谓外部规则，是指根据组织中管理者的意志制定的规则，比如前面所讲的学校为师生员工制定的一套研究型学习制度等。而内部规则是群体内随经验而演化的规则，是组织在长期的文化进化过程中自发形成的规则，比如一所学校的传统、惯例等。下面就是一个属于内部规则的例子。

当众多学校的管理者为学生设计、选择校服（大多是洋西装、海军服、运动服等），并强制规定学生在校期间一律穿校服的时候，某校却与众不同，校领导层并没有着手为学生设计校服。一次，一位德育老师为师生员工做报告，介绍了解放前该校所经历的体现爱国民主精神的一段历史（曾用黄色代表大地母亲，蓝色象征自由天空），包括班主任在内的众多教师、学生被这种爱国民主的高尚情操所感动。随后，就有班级把"黄与蓝"作为班会主题予以讨论，诸多德育教师在上课时也对"黄"、"蓝"的意义做了阐释。在这种背景下，就有班主任、德育教师和学生向学校领导提出"上黄下蓝"校服的建议。后来，经过学校广大师生

① ［英］弗里德利希·冯·哈耶克.法律、立法与自由（第一卷）［M］.邓正来，等，译.北京：中国大百科全书出版社,2000：58.

员工对此建议所开展的大讨论,并不洋气的"上黄下蓝"校服就成了共识。于是,当这种校服定做好后,学生便自觉地穿了起来。

在上面这个案例中,并不洋气的"上黄下蓝"校服并不是学校管理层设计、制定的,而是教师、学生在学校优秀文化传统激发下提出来的,并得到了众多师生员工的支持。因而,这就是一种内部规则。这种规则虽然不是学校管理者强制发布的命令,但却对广大学生具有影响作用,并被其所自觉遵守。

另外,值得强调的是,哈耶克认为,规则不仅包含"阐明的规则",也包括"未阐明的规则"。所谓"阐明的规则"就是用语言、文字表达出来的规则,通常以成文条例的形式出现。而"未阐明的规则",则是指那些虽未用语词加以表达,但事实上却被人们所遵循的规则,比如正义感、语感。我们知道,有些语感强的人虽然不明确知道语法规则,但在实际运用语言时能够遵循语法规则,不会出现语法错误。哈耶克还指出,"未阐明的规则",是"阐明的规则"所不能替代的;"阐明的规则"通常需要"未阐明的规则"的支援,因为"立法者和国家的全部权威实际上都源出于此前已然存在的标示着正义观念的未阐明的规则"。①

总之,哈耶克"自生自发秩序"论的一个根本观点是:自生自发秩序是个体与个体之间在充分互动中形成的。这种充分的互动,把每个个体头脑中的知识进行了汇聚、整合,从而能够克服个体理性的有限性。个体之间的互动所遵循的不是管理者制定的外部规则,而是组织成员之间经过相互作用而生成的内部规则,这种规则可能是成文的,也可能是虽未用语词表达却被众多个体默认的。

从上面的论述中可以看出,哈耶克的"自生自发秩序"论,包含很多精辟、独到的观点,对中小学内部管理制度建设具有重要的启发意义。概括起来,主要有以下几点启示。

(1) 制度可以是内生的

在制度占有模式中,制度是自上而下制定出来的。有些人对此表示不满,认为教师应该参与到制定过程中。不过,这些人反对的只是"自上而下",而并没有对"制定"表示质疑。也就是说,他们对制度有一个前提性认识——制度必须由人制定。

实际上,制度必须由人制定吗?除了制定,制度还有没有其他的产生方式?根据哈耶克对外部规则与内部规则的区分与界定,制定的制度属于外部规则;除此之外,还应该有一种属于内部规则的制度。由于内部规则是群体内随经验而演化的规则,或者说是组织在长

---

① 邓正来.法律与立法的二元观——哈耶克法律理论的研究[M].上海:上海三联书店,2000:74.

期的文化进化过程中自发形成的规则，因此本书把属于内部规则的制度称为"内生的制度"，即这种制度不是靠外部力量制定的，而是自发生成的。在中小学，内生制度的例子包括学校的传统、教职员工行事的惯例、学生不约而同的做法等。比如，在很多学校，除了学校铺设的道路外，还有众多学生为缩短教室与教室或教室与餐厅之间的距离，不约而同地在草坪中间踏出一条痕迹日益明显的小路。虽然草坪上有"不得从此通行"或"爱护花草"的标示牌，但仍然有很多学生选择走这条小路并因此受到了纪律处分。

其实，这些众多学生逐渐踏出来的小路就是一种自发生成的制度，而不是学校领导层自上而下规定的。并且，应强调的是，学生踏出一条小路并不能说明学生的道德品质就一定不好，内生的制度就是不合"法"、不合理的。实际上，由于内生的制度是组织内的众多成员通过遵守共同认可的、能够给众多人带来乐观向上精神和福利的普适性价值，如便利、自由、善良、正义、安全、和平与繁荣等，在人际交往与行动中自然而然地形成的行为准则，因此它常常是向善的，众多人需要且自愿接受，并在不经意中习惯性地执行的，而不是破坏性的、侵犯他人利益的、靠外力强制干预和严格监督的。因此，通过内生的方式产生制度具有非常积极的意义，不仅有利于减轻学校领导者的工作负担，节约管理成本，提高管理效益，也有助于让师生员工在制度中能美好地生活。

总之，中小学内部管理制度，不一定是自上而下制定出来的，也可能是内生的，即自发生成出来的。这也是本部分标题中使用"制度产生"，而未使用"制度制定"一词的原因所在。制度产生的含义不仅包括制度制定，还涵盖了制度内生。

（2）互动有利于充分获得信息

上文指出，制度可以是内生的。那么，内生思想的核心是什么呢？根据哈耶克对自生自发秩序及其内部规则形成过程的论述，制度内生的过程就是众多个体之间通过充分互动而实现知识信息整合的过程，也就是说，内生思想的核心是互动。所谓互动，是指建立在沟通基础上的一种双向行为，是个体与个体、个体与群体或者群体与群体之间，通过信息沟通而进行的社会交往活动。其目的在于实现人与人之间知识信息的交流和整合，促进人与人之间的交互影响。当然，人们通过信息交流产生的互动，不单单是语言文字上的你一句我一句，而是文字所表达出来的利益或观念的妥协、碰撞与相互影响。

与互动相对的则是单向行动。从信息的角度讲，单向行动就是个体仅仅凭靠自己大脑中所储存的知识信息而进行的活动。就中小学内部管理制度来讲，在制度占有模式中，自上而下地制定制度，实际上就是学校管理者的一种单向行动，其缺陷在于前面论述过的掌握知识、信息的不充分性,以致容易使仅仅靠个人意志或观念产生的制度得不到广大师生员工的认可。因而,要解决制度制定过程中信息掌握的不充分性这一根本问题,就必须进行积极、有效的互动,即在互动中产生制度。

(3) 制度不一定以文本的形式存在

在制度占有模式中,以校长为首的学校领导层自上而下制定出来的制度,往往是以规章条例等文本形式出现的。有些学校还把规章条例汇编成了手册。但应该清醒认识到的是:制度未必都是以文本的形式存在的。因为根据哈耶克的"自生自发秩序"论,内部规则既包含"阐明的规则",也包括"未阐明的规则",即不用文本形式加以表达的规则。这些"未阐明的规则"通常是以众多个体共同的感觉、知觉的形式存在的,比如前面所讲到的正义感、语感,以及对人礼貌、寻求便利等。

在中小学,未阐明的制度,或者说不以文本形式出现的制度,也是有很多的,诸如尊重老教师、学校办学过程中积淀下来的不成文的惯例等。比如,某中学虽然从来没有明文规定过副校长必须是科研成果突出的教师,但历届校长在配备副校长时都是任用科研成果突出的教师,广大教职员工对此也都表示认可。实际上,在该中学,副校长必须是科研成果突出的教师,就是该校的一个未以文本形式出现的制度。

(二) 两种制度产生方式的辩证思考

以校长为首的学校领导层自上而下地制定制度具有致命的缺陷,而哈耶克的"自生自发秩序"论对克服缺陷具有启示性,其中一个重要的启示就是:制度可以是内生的,即在互动过程中自发生成。也就是说,中小学内部管理制度存在两种不同的产生方式:一种是制度占有模式中,自上而下地制定制度;另一种是通过内生的方式自发生成制度。那么,在实践中,可以用内生的方式代替自上而下的制定方式吗? 若不能替代,两种方式可以实现有机的融合吗? 下文将结合现实案例,对这两种制度产生方式作一个辩证的思考。

1. 两种制度产生方式的互补性

根据哈耶克"自生自发秩序"论的启示,通过内生方式产生的制度实际上就是在众多个体同意或者说愿意执行的基础上产生的人际规制和协定,它不仅能够促进学校工作,也符合学校组织中众多个体文化的或心理的需求,因而能够有效克服自上而下制定式的缺陷。然而,内生方式也存在缺陷,主要表现为内生过程效率低下和结果表述不清晰两个方面。

从内生过程上看，就某个具体制度的产生而言，内生的时间往往较长，效率比较低。因为通过内生方式产生制度，是群体内个体之间通过互动、交往不断形成群体经验的过程，或者说是群体经验不断演化的过程。并且，只有当认可一项经验的人数超过一个临界点之后，该项经验才会成为群体的内生制度。显然，这就决定了制度的内生往往是一个渐进、长期的过程。因而，当学校为了应付突发事件、适应教育改革发展趋势或推进某项学校改革而亟须出台某方面制度时，依靠内生方式自发生成制度的效率太低，不能及时满足学校发展的需要。

从内生结果上看，内生制度的含义虽然比较深刻，但往往比较模糊，表述不清晰——没有明确规定谁在什么时间必须做什么、做到什么程度。我们知道，内生的制度，既包括阐明的制度，也包括未阐明的制度。不难明白，对于那些未用语言文字表述的制度来讲，其含义容易出现模糊的情况，即个体感觉这样的制度意思不明确，说不清。其实，对于那些用语词加以表达的内生制度来讲，也可能是含义模糊、表述不清晰的，其原因就在于自发生成的制度是群体经验演化的结果，而经验是很难用语词准确表达的。意义模糊、表述不清晰的直接后果，就是人们对制度的认识或理解不一致，存有分歧，带有个人偏见或倾向性，以至于影响制度执行的公平性，不利于形成制度执行的合力。

然而，内生方式的这些缺陷正是自上而下制定方式的优势所在。我们知道，自上而下地制定制度，就是权力者利用制度的魅力、效力和协调性来维持和巩固自己的利益或思想体系，使制度成为权力的象征，而不是群体的约定，从而使本应是内在心灵约定的制度变成了外在的压迫被管理者的"大棒"，自然也就常常令被管理者对制度感到不满意或不认可。但自上而下的制度制定方式还是具有优势的，这主要表现为两个方面：一是效率较高。由于以校长为首的学校领导层相对于师生员工，往往具有行政权威或先进的教育理念，对教育改革发展趋势比较了解，因而由他们来负责制定制度往往不需要太长的时间。二是意义明确，表述清晰，易被教职员工认识，也便于查阅、对照。这是因为自上而下制定出来的制度往往是以规章条例的形式出现的，并且规章条例中的字词通常都是经过斟酌后选择的，有时还会使用量化的语词，比如"迟到1次扣多少工资"，"在核心杂志上发表1篇文章奖励多少或记几分，在非核心杂志上发表1篇奖励多少或记几分"等。

综上所述，内生的方式与自上而下制定的方式具有明显的互补性。这也就意味着：在中小学内部管理制度建设实践中，不应该用内生的方式去替代自上而下制定的方式，而应该实现两者的有机融合。

2. 两种制度产生方式的有机融合

如何实现两种制度产生方式的有机融合呢？要实现两种方式的有机融合，关键在于两个方面：一是制度产生过程中干群关系的和谐融洽，以打破信息不对称性，充分获得真实、有用的信息，如彼此的需求、意愿等；二是所产生的制度被师生员工所共同认可与理解。具体论述如下：

（1）制度产生过程中干群关系的和谐融洽

就制度的产生过程来讲，充分掌握师生员工的需要、利益和观念等方面的信息是极为必要的。因为只有在这些信息基础上产生制度，才能保证制度的有用性、公平性和可行性。前面曾指出，自上而下制定方式的根本缺陷就在于掌握信息的不充分性；而内生方式的一个重要启示就是：个体所掌握的知识永远是有限的，而个体之间的互动可以把分散于每个个体头脑中的知识信息予以整合。因此，在中小学内部管理制度产生过程中，内生方式与自上而下制定方式有机融合的一个重要方面，就是个体之间的互动。互动是一种双向行为，它可能是学校领导层与师生员工之间的互动，也可能是教师与教师之间的互动、教师与学生之间的互动。

然而，互动并不都是积极的，也存在消极的互动。所谓积极的互动，就是互动双方能够有效地沟通，了解彼此的需要、利益和观念，能够为制度的产生提供大量有用的信息。而消极的互动，则是指互动双方彼此不能深入沟通和交往，而是相互对抗与冲突，使得关系紧张，不利于知识信息的整合。造成消极互动的一个重要原因就是互动双方关系的不和谐。因而，要使学校领导层与师生员工进行积极的互动，就必须保证学校领导层与师生员工双方关系的和谐，即人们常说的干群关系的融洽和谐。这样，结合上一段的观点，就可以推出一个结论：要掌握充分的知识信息，就必须保证干群关系的融洽和谐。

那么，什么样的干群关系才是融洽和谐的干群关系呢？如何才能形成融洽和谐的干群关系呢？一般情况下，人们通常认为干群关系是一种情感意义上的关系，比如师生员工爱戴和拥护校长，校长则与师生员工联系密切；或者相反的情况——校长不关心师生员工，师生员工对校长表示强烈不满等。不过，干群关系不仅仅是一种情感意义上的关系，本质上是一种权力关系，也是一种法律关系。之所以说是权力关系，是因为学校领导层与师生员工之间是领导与被领导的关系，学校领导层拥有发布命令或其他信息的权力。但应注意的是，学校领导层虽掌握行政权力，具有领导权，但学校领导层不能随便行使权力，因为师生员工享有法律规定的权利，比如参与学校管理的权利、发表意见的权利等，这些权利是不可侵犯或剥夺的。从信息的角度讲，在制度产生过程中，学校领导层与师生员工都有"说话"、"表达意志"的权利。

不过，强调师生员工参与制度的产生，并不是对以校长为首的学校领导层作用的完全否定。在中小学内部管理制度产生过程中，学校领导层有着极其重要的作用——引领。与自上而下的制度制定过程中，学校领导层的垄断角色（排斥教职员工参与）不同，引领的角色要求学校领导层把制度视为学校的公共品，创造良好的干群沟通渠道和氛围，与师生员工进行平等、民主、深入的对话与沟通。并且，与自生自发方式中的"无政府"状态不同，在沟通过程中学校领导层要发挥引导者的角色，引导教师理解当前学校发展的理念和学校改革的意图。

同时，师生员工参与制度的制定也不应该是消极地、被动地等待学校领导层成员跟自己谈话，而应该保持积极的态度，主动向学校领导层提供有关信息，敢于提出甚至尝试新的行事规则等。在很多情况下，某个（些）师生员工提出的行事规则很可能会成为学校内部管理制度的重大创新。

总之，在制度产生过程中，和谐融洽的干群关系不仅仅是指感情的融洽，也指彼此法律地位和权利的保证，以及制度产生过程中角色的合理定位与作用的有效发挥。要保证制度产生过程中干群关系的和谐融洽，学校领导层和师生员工都应树立学校内部管理制度是学校公共品的观念，不把任何一方排斥在外，并对自己的角色和作用保持正确的认识。对于以校长为首的学校领导层来讲，应正确行使行政权力，尊重师生员工的感情和权利，并在与师生员工沟通的过程中积极发挥引领作用。而师生员工则应该积极参与学校管理规则的建设，不能只是被动地遵守规则，怕别人笑话自己"出风头"，而应该敢于根据工作需要提出有价值、有效益的新规则。

（2）所产生的制度必须基于共识

从制度产生的结果上讲，它可以是阐明的规则，比如制度文本条例；也可以是未阐明的规则，比如教职员工行事的惯例。但不管是前者还是后者，所产生的制度必须是学校领导层与师生员工的共识。所谓共识，就是学校领导层与师生员工在沟通、交往的基础上形成的一致认识。所产生的制度应不仅被学校领导层与师生员工所共同认可，也被大家所一致理解或领会。

值得注意的是，共识的形成，要求学校领导层与师生员工之间的沟通、交往必须真诚、民主。否则，如果学校领导层只是形式上的征求意见，或者学校领导层摆架子，以致沟通氛围比较紧张,广大师生员工不敢讲真话、讲心里话,那么在这种不真诚、不民主沟通的基础上形成的共识,就是一种假的共识,不能真实反映师生员工的需要、利益和观念,因而也将很难得到师生员工较高的认可度和满意度。

当然,学校领导层不真诚、摆架子的原因可能是其领导作风的专制性,也可能是其内心里根本就不想与师生员工形成真正的共识,而只是想把上级的意图传达下来制定一项制度以应付检查,却并不想真正执行这项制度。比如,教育行政部门要求学校重视、倡导教师围绕课程设计与教学中的实际问题进行校本研究,并决定开展校本研究成果评选。于是,一些校长就与教师进行对话座谈,探讨该如何研究、怎样研究、学校应该提供什么制度保障等。但也有一些校长并没有打算真正搞校本研究,而只是出于应付上级检查的目的,才计划制定一些制度保障措施,诸如把校本研究成果作为教师考核奖励、优秀教师评选的标准。但实际上,这些校长心里非常清楚,在年底考核、评选优秀教师时,根本不会看校本研究的成果,而只看考试成绩。等到上级评选校本研究成果时,就临时请几个高级教师交几篇文章或者请教育科研院所的专家帮忙。如果校长抱着这样的态度进行沟通、交流的话,自然是很难形成真正的制度共识的。

最后,还应强调的是,"共识总是相对的,有条件的,暂时的。在人们达成共识以后,又会出现新的异议,但这是在新的层面上的认识分歧,而这种分歧和异议既不应该也不可能否定以前曾经达成的共识"。① 也就是说,一方面校长应认识到人们的观念、上级的要求是不断变化的,因此共识不是静止的,而应是不断变化的;另一方面又不能以共识变化为由否定形成制度共识的必要性。

(三) 制度执行机制的反思

在前面的论述中曾指出,制度占有模式的一个重要特征就是制度执行机制是控制性的。在控制性制度执行过程中,以校长为首的学校领导层与师生员工是一种控制与被控制的关系,学校领导层运用制度文本以及与之相配套的奖惩手段和方式,对广大师生员工的行为及价值观念进行限制和约束,师生员工则为了避免惩罚而按照制度文本的规定去行动。不可否认,在实践中,这种控制性的执行机制对于维持学校各项工作秩序发挥了重要

---

① 徐大同. 当代西方政治思潮(20 世纪 70 年代以来)[M]. 天津:天津人民出版社,2001:363.

作用。师生员工一般都会尽量避免违反制度规定，即使因违反制度条文而受到处罚，表面上也都是服从的，不与学校领导人员发生口角，进行争辩。然而，这并不意味着师生员工对这种控制性的制度执行持满意态度，并不能掩盖这种控制性执行机制所隐藏的危机。并且，随着社会的进步和学校改革的深入，危机将表现得日益突出。

1. 控制性制度执行机制的危机

危机往往是指某种实践不能适应时代要求而表现出来的根本性问题。控制性制度执行的危机也不例外。当前，我国正处于社会转型期①，人的独立性、主体性需求日益凸显出来。也正因此，众多社会科学研究者积极倡导社会发展要"以人为本"，诸如商业领域的人性化服务、建筑装潢的人性化设计等。在学校教育领域，一些中小学校长也常常讲"以人为本的学校管理"或"学校管理要以人为本"之类的话。然而，控制性的制度执行却并不能满足人的独立性、主体性需求，是一个与"以人为本的学校管理"不相和谐的音符。因此，在中小学，控制性制度执行机制将面临着危机。其危机主要表现为对教职员工心理情感的忽视，对教职员工教育创新的束缚，对学生个性发展的压制等方面。具体论述如下：

（1）忽视教职员工的心理情感

"控制"是工业文明的产物，是工业时代的流行语。在工厂企业，对工人的行为进行控制，被认为是提高生产效率的有效手段。泰勒的科学管理理论就是一个典型例证。在科学管理理论中，专家在对熟练工人的动作进行研究的基础上，确定最有效率的工作程序和方法，并以此作为标准动作，要求工人都采用这种工作程序和方法，以期望通过控制工人的动作行为达到提高生产效率的目的。这种追求效率的做法，起初被美国企业普遍采纳，但随着时代的发展，这种单纯追求效率的思想遭到了质疑并被改进，比如后来人际关系运动的兴起等。

然而，当前在我国，一些中小学还存在效率崇拜的现象。控制性制度执行关注的就是提高管理工作效率，迅速解决问题（正如一些校长常说的"照章办事，按规定奖惩"），但忽视

① 马克思把人类社会形态的结构性转变分为三次：人的依赖关系（起初完全是自然发生的），是最初的社会形态，在这种形态下，人的生产能力只是在狭窄的范围内和孤立的地点上发展着。以物的依赖性为基础的人的独立性，是第二大形态，在这种形态下，才形成普遍的社会物质交换、全面的生产关系、多方面的需求以及全面的能力的体系。建立在个人全面发展和他们共同的社会生产能力成为他们的社会财富这一基础上的自由个性，是第三阶段。第二阶段为第三阶段创造条件。当前我国所处的社会转型期，指的是从第一形态向第二形态的转变的时期。

了师生员工的心理感受,即照章办事时不考虑师生员工是否愿意遵守制度条文的规定,是否愿意接受制度规定的惩罚。也就是说,这种通过控制而提高的管理效率,是以师生员工付出的精神或情感为沉重代价的。正如鲍尔(Stephen J. Ball)所说的:"谈效益、谈效率虽无可厚非,问题在于大家似乎预设了效益、效率纯粹属于客观和技术性的范畴,百利而无一害。忽略了去问这些效益究竟是'谁的效益';而为了达到这些效益,雇员又要付出什么样的代价。"①

(2)束缚教职员工的教育创新

控制性制度执行注重的是约束、限制教职员工的行为,而不是让教职员工身心得以自由,并为他们进行教育教学创新提供良好的氛围。所谓约束、限制,就是学校领导层常常拿制度条文警告师生员工"你必须这样做","否则,将按照制度规定处理"。

最常见的处理方式就是扣发工资、奖金。对于经济收入不高的中小学教师来讲,这自然是一个"很有效"的控制手段,但不可忽视的是这种控制不利于教职员工主体性的有效发挥,因为为了获得当下的利益,很多教师就会照着制度条文去行事,而不再创造性地开展工作。而这对于学校开展教育教学研究,进行教育教学创新是一个明显的障碍。比如,一些学校规定教师必须按照统一的格式和要求备写教案,否则扣发奖金。这种不管新老教师和课程科目的"一刀切"式的制度规定,显然不利于教师灵活地、创造性地开发课程与设计教学。总之,控制性的制度执行只能使教师成为制度的附属物,而不利于其发挥自身潜能,创造性地工作。正如保罗·弗莱雷在《被压迫者教育学》中所指出的:"假如一个人在劳动的世界中是完全依赖别人,是没有保障的,而且长期受到威胁——假如他的工作不属于他自己——此人就无法充分发挥自身的潜在能力。失去自由的工作不可能是一项充分发挥潜能的工作,反而变成了非人性化的有效途径。"②

(3)压制学生的个性发展

当自上而下成为学校领导层惯用的领导方式及稳定的管理文化后,教职员工对学生的管理也可能会采用这种方式。事实上,在很多中小学,当学校领导层对教职员工采用控制性制度执行机制时,教职员工也在"变本加厉"地对学生运用控制性制度执行机制。当学生

① [美]华勒斯坦,等.学科·知识·权力[M].刘健芝,等,编译.北京:生活·读书·新知三联书店,1999:131.
② [巴西]保罗·弗莱雷.被压迫者教育学[M].顾建新,赵友华,何曙荣,译.徐辉,审校.上海:华东师范大学出版社,2001:84.

出现失范行为时,班主任、任课教师以及后勤职工对学生进行体罚或变相体罚的情况屡见不鲜,并称这是对学生进行的纪律教育。同扣发教师工资、奖金一样,对学生体罚或变相体罚,会起到"立竿见影"的效果。当班主任或任课教师盛气凌人地对学生说"不要乱动"、"不要讲话"时,学生马上就会安静下来;当班主任或任课教师对一个学生因不守纪律而进行罚站后,这个学生随后的一段时间就会变得老实起来。

然而,这种通过恐吓、压制、体罚或变相体罚收到的"有效"是不利于学生身心健康发展的,只能使学生的心理受到创伤,成为一个失去个性的人,并且也不能使学生真正理解社会生活中行为规则的意义,反而使其产生报复心理。直接的、当下的报复可能只是在小纸条、教室的外墙壁上写上"老师,我恨你"这样的心里话。更为可怕的则是间接、未来的报复——长大后如果成为管理者,可能同样对下属采取恐吓、压制、体罚或变相体罚等方式,并"把这种心态带到自然,破坏自然以达到自己的快感。最终还会形成对自己的报复,对自己产生厌恶情绪,觉得人生不快乐,形成很不幸的厌世情绪"。① 因而,控制性制度执行机制没有实现众多学校所提出的"一切为了学生的发展"的目标,并不是真正的纪律教育。正如世界著名儿童教育专家蒙台梭利所一针见血指出的:"我们并不认为当一个人像哑巴一样默不作声,或像瘫痪病人那样不能活动时才是守纪律的。他只不过是一个失去了个性的人,而不是一个守纪律的人。"②

总之,控制性的制度执行重视的是借助制度文本控制师生员工,而不是尊重师生员工的心理情感需求,给他们独立、自由发展的机会。或者说,体现的是以"本"（制度文本）为本,而不是以"人"为本。这就使得师生员工对制度文本产生了依赖,而主体性难以得到张扬,创造性难以得到发挥。这也正是一些教职员工感到学校领导总是高高在上,而他们行动的时间和空间受到限制,内心经常感到紧张、受压抑、有苦处、不自由的原因之一。

2. 危机的根源：消极的制度执行目的

上面叙述了控制性制度执行的危机在于对师生员工情感的忽视和发展的压制。那么,产生这些危机的根源是什么呢？或者说学校领导层为什么会采用控制性制度执行机制呢？本书认为,学校领导层采用什么样的制度执行机制,是与他们对制度执行目的的认识密切

---

① 金忠明,葛大汇,唐安国.衡山夜话——50 教育问题纵横谈[M].上海：华东师范大学出版社,2000：139.
② [意]蒙台梭利.蒙台梭利幼儿教育科学方法[M].任代文,主译校.北京：人民教育出版社,1993：107.

相连的。控制性制度执行机制之所以出现了危机,一个重要的根源就在于这种执行机制背后的目的是消极的。

(1) 消极目的之一：对人进行外部的约束

对学校师生员工的行为进行外部约束、限制,是控制性制度执行机制最重要的目的。之所以称为外部约束,是因为师生员工受到约束的力量来自外部。这种外部的力量就是制度文本,更真实地说,是学校领导层的意志,因为制度文本是学校领导人员凭借行政权力,根据自己的意志或理念自上而下制定出来的。这也正是当前一些师生员工在对制度发牢骚时,常常流露出对学校领导人员不满的原因所在。总之,外部约束是从外部强加于师生员工个体的,通常不符合被管理者的意愿,不能被师生员工自愿、积极地接受。

学校领导人员为什么约束师生员工的行为呢？根据校长访谈资料,众多校长认为"不以规矩,不能成方圆"、"约束是非常必要的"、"人不能想干什么就干什么"、"没有约束,学校将乱作一团"等。这些想法无疑是正确的,但这并不能成为学校领导人员对师生员工进行约束的充要理由。因为使广大师生员工的行为受到必要的约束,不一定要由学校领导人员依靠强制性命令或诱导性的工资奖金来对师生员工进行约束。实践表明,这种约束的结果只能是压制教师进行教育教学创新的积极性,只能把学生培养成为一个丧失个性的人,从而导致控制性制度执行的危机。美国学者的一项实证研究也证实了这一点。该研究的统计结果显示,在低效学校组织中,"人员约束高于平均水平的学校"所占比例是 45.0%；而与此形成鲜明对照的是,优效学校组织中"人员约束高于平均水平的学校"只占 8.2%。[①] 也就是说,人员约束水平高的学校通常是低效的,而优效学校的人员约束水平往往较低。

那么,还有其他的约束方式吗？实际上,有智慧的校长应该知道,除了外部的约束,还有与其相对的内部约束,即师生员工自己约束自己或者说是自我约束。但有些学校管理人员否定了这一点,一个例证就是"朽木不可雕也"这句班主任或任课教师在训斥违纪学生时常讲的话。这句话所暗含的意思就是：学生是木头,只有由人雕琢,才能成形。然而,事实上,与木头不同,学生是能够自我约束的,因为他们能够在反思中不断调整自己的行为,从而将没有秩序的行动转化为有秩序的行动。对于这一点,张新平教授在研究格林菲德思想的基础上曾精辟地论述道："园艺师不会放任幼苗去'充分发展它的潜能',相反,园艺师要

[①] [美]约翰·E·丘伯,泰力·M·默.政治、市场和学校[M].蒋衡,等,译.北京：教育科学出版社,2003：161.

以他本人对树之潜能的看法来规范树的成长。园艺师总是不停地修剪着树,直到它露出他所期望的那种形态为止。园艺师的任务与领导者或管理者的任务之间的不同是,树不会自己学习,而人却能。"[1]

与外部约束相比,内部约束不是强制师生员工去做某事,而是调动师生员工的积极性、主动性,使其主动地遵守规则。这种主动遵守规则的行为,就使得师生员工不再过度地依赖外界的压力,而更具有独立性,让师生员工成为自己的主人,主体性得到张扬,而不再是制度文本的奴隶。同时,自主遵守规则也有利于师生员创造力和潜能的发挥,从而促进他们自身的发展。这也是一些学者认为"真正意义上的教师专业化不仅需要教师专精于他们的教材、谙熟教学方法,还要求他们有专业自主权,可以在他们的工作中自主决策,应对个别的和多变的环境"[2]的一个重要原因。总之,内部约束能够使师生员工获得独立性和主体性,带来自由与发展,而这是外约束所做不到的。这也正是控制性制度执行机制出现危机的重要根源。

(2) 消极目的之二:为执行制度而执行制度

对师生员工的行为进行外部约束,不仅是消极的制度执行目的,同时它也派生出了另外一个消极目的——为执行制度而执行制度。在实践中,这种消极目的的具体表现就是:在一些中小学,学校领导层人员认为制度执行就是要根据制度条文对师生员工进行严格奖惩,并把制度执行的重点、精力都花在经常强调制度条文、检查师生员工执行制度条文情况及对应的奖惩上。

实践表明,这种目的观指导下的制度执行,其结果往往是广大师生员工对制度条文产生依赖,手头始终离不开制度手册;当处于学校领导层人员监督情况下时,师生员工会像模像样地遵守制度,而当没有学校领导层人员监督、检查时,师生员工就会把制度条文抛到一边。也就是说,通过执行制度,并没有使制度内化到师生员工心中,师生员工并不是在自觉地遵守制度。这样的制度执行,虽然花费了学校领导层大量的时间、财力和精力,却没有充分实现制度的价值,而且可能会形成教条主义、形式主义的不良风气,影响以校长为首的学校领导层树立真正、持久的权威,也使得师生员工产生依赖性,失去主体性,成为制度文本

---

① 张新平.教育组织范式论[M].南京:江苏教育出版社,2001:272.

② [美]约翰·E·丘伯,泰力·M·默.政治、市场和学校[M].蒋衡,等,译.北京:教育科学出版社,2003:40.

的奴隶。因此,在当前日益倡导学校管理要以人为本、强调学校管理要重视效益的时代,这种"为执行制度而执行制度"的消极目的,必然致使控制性制度执行机制发生危机。

那么,与"为执行制度而执行制度"相对的积极目的是什么呢？积极的目的应该是超越制度文本的局限,通过执行制度逐步把成文的制度文本转化为学校组织成员共同的文化,即让师生员工从依赖规章手册、上级检查监督和奖惩而遵守制度,变为能够自觉地、习惯性地遵守制度。与教学论中常讲的"教是为了不教"一样,执行也是为了不执行。

通过执行制度把制度文本转化为师生员工的习惯,不仅能大大降低制度运行的成本,使学校管理者节省出监督检查所需的时间、精力以及奖惩费用,而且能够使师生员工摆脱外界力量的支配,实现主体性的张扬,获得自由,成为自由的人。正如19世纪初期,亚历山大·赫尔岑所说的:"你想要一本规范手册,可是我认为,一个人到了一定的年龄以后,他就应当为他仍旧使用这种规范手册而感到羞耻,(因为)真正自由的人会创制出自己的道德规范。"①

3. 自主性制度执行机制

前面在论述控制性制度执行机制的两个消极目的的同时,也提出了与其相对的积极目的,即制度的执行应该发挥师生员工自我约束的能力,使他们自觉地、主动地遵守制度,从而给他们带来自由和发展。要摆脱控制性制度执行机制的危机,就必须以这种积极目的为基础构建新的制度执行机制——自主性制度执行机制。那么,什么是自主性制度执行机制呢？它与控制性制度执行机制的本质区别是什么呢？下面将对这两个问题予以回答。

"自主"具有主动的含义,但又不是一般意义上的主动。一般意义上的主动在控制性制度执行机制中早已有之,比如,在学校领导层所设置的奖惩措施的激励作用下,很多教职员工都会"主动"遵守制度规定,以避免扣发工资或奖金。很明显,这种"主动"不一定是发自内心的真正意愿,而可能是一种趋利避害的功利性行为,因此他们可能在内心里对自己所遵守的制度有着反感或抵触情绪,一旦他们有了高额的收入而不再计较单位里的工资或奖金时,他们就可能不再主动地遵守制度规定,而把制度抛在一边。也就是说,他们可能是出于经济上的功利才遵守制度,而不是出于维护制度的义务或对教师职业道德的深刻认识而遵守制度。总之,这种一般意义上的主动,不是发自内心的主动,不能保证个体获得自由。

① [英]弗里德利希·冯·哈耶克.法律、立法与自由(第三卷)[M].邓正来,等,译.北京:中国大百科全书出版社,2000:26.

与一般意义上的主动不同，自主是基于个体自由的主动。具体来讲，自主是指个体根据自己内心的真实意愿而遵守制度，不以牺牲自己的意愿为代价来遵守制度，也不会因遵守制度而受到心理或情感上的伤害。相反，自主遵守制度能够使个体的主体性得到张扬，使其能够获得精神上的自由和发挥潜能。

而实现自主是以一定的条件为前提的。这些条件主要有：个体的自主权力、自主意识与能力、良好的环境氛围与指导等。就制度执行来讲，首要的条件就是师生员工必须拥有自主权，比如当师生员工出现违规行为时，他们拥有自我处理的权力，能够自我反思、自我检讨或自我承诺。但为了保证自主权能够被充分、正确地利用，师生员工必须具有自主执行制度的意识与能力，不管有没有学校领导人员的监督，自己都能够保持自觉执行意识，并能掌握和运用反思技巧，对反思到的错误予以纠正。与此同时，自主对学校领导层也提出了较高的要求。实现自主不是要否定学校领导人员的作用，而是要求他们具有现代领导理念，改变领导角色，把重点、精力放在服务上，为师生员工自主执行制度提供良好的环境氛围和必要的指导。比如采取有效措施强化师生员工的自主意识；为师生员工提供反思、自我评价方面的知识与培训等。

综合以上关于自主的含义和条件的论述，所谓自主性制度执行机制，就是指广大师生员工在不受外界监督下，能够自觉遵守规章制度，经常对自己的遵守状况进行及时、认真地反思、检讨，并在反思、检讨基础上主动采取措施改正错误；而学校领导层人员则不再直接地对违规者进行惩罚，而是为师生员工创造良好的自主环境氛围，提供必要的指导、帮助，对教师自主执行状况进行评价并提出改进意见。从目的上看，自主性制度执行机制，着眼于发挥师生员工的主体性，开发他们的自主潜能，从而促进个体的自由与发展。一般来讲，师生员工的自主意识、自主能力越强，对自身的发展要求就越高，责任感就越强，自身的学习和发展潜能就越能得到充分开发，也就越不需要学校领导人员依靠"胡萝卜加大棒"的措施来激励他们遵守规章制度。

（1）学校领导层与师生员工关系的重构

与控制性制度执行机制相比，自主性制度执行机制有什么特征呢？或者说二者之间有什么区别呢？首要的区别在于目的上的区别，因为自主性制度执行机制是在不同于控制性制度执行机制目的的基础上提出的。控制性制度执行背后的目的是消极的，强调依靠制度文本对师生员工的行为进行限制；而自主性制度执行所持的是积极目的，强调自我约束，注重把制度文本转化为师生员工自觉遵守的文化，使其获得自由和发展。这在前面已论述过了,在此不再赘述。

除了目的上的区别,二者最明显、最本质的区别就在于制度执行主体的变化。在控制性制度执行机制中,学校领导层是执行主体,对师生员工遵守制度的状况进行监督、检查和奖惩,而师生员工只能被动地遵守,违反了制度规定就必须接受扣发奖金、肉体或心灵上的惩罚,没有权力为自己辩解,也没有机会在自我反思基础上改正错误。学校领导层与师生员工类似于监工与工人的关系,双方容易发生感情冲突。而自主性制度执行机制是对学校领导层与师生员工关系(干群关系)的重构。在重构后的关系中,学校领导层与师生员工的角色都发生了较大变化,双方感情也变得融洽。

(2) 师生员工主体地位的确立

在自主性制度执行机制中,师生员工从被动的遵守者转变为执行主体,不仅能够主动遵守规章制度,而且能够对自己的遵守状况及时进行监督、反思。在反思过程中,师生员工可能会进行自我责备、自我批评。其实,这也是一种惩罚,并且,与控制性制度执行过程中扣发教师工资奖金、对学生进行体罚或变相体罚相比,这种自我责备式的惩罚更人性化、更文明。更重要的是,由于这种惩罚是建立在通过深刻反思而认识到违反规定的错误和危害的基础上的,因而对师生员工具有教育意义,所起到的效果更为持久。另外,师生员工在反思的基础上能够对自己的违规行为有针对性地进行纠正。总之,与控制性制度执行相比,自主性制度执行确立了师生员工的主体地位,能够使他们的主体性得到发挥和张扬。

(3) 学校领导层的服务角色

与控制性制度执行机制中学校领导人员动不动就给教师扣发奖金,或者盛气凌人地向学生吼道"不许动"、"不听话,就把你开除"不同,自主性制度执行机制中学校领导人员的角色彻底发生了变化。学校领导人员不再是师生员工的主人,随意惩罚他们,而是转变为公仆,为师生员工服务,诸如创造良好的环境氛围,并提供必要的指导和帮助等。实际上,这就要求学校领导人员转变工作职能,承担现代领导角色。这样就对当前学校管理人员提出了较高的要求。众多习惯于控制性制度执行机制的学校管理人员要适应这种新的角色,可能需要一个较长的过程才能逐步转变观念。世界著名教育专家蒙台梭利对一位女教师在管理学生时的心理描述和分析就形象生动地说明了这一点。

"当她到'儿童之家'的头几天,无法维持教室的秩序和安静时,她左顾右盼不知所措,好像在请求在场人证明这并非她的过错。我们虽对她反复说,开始没有秩序是必然的,可是她完全不理解。最后，当我们责成她除了看着孩子们外，什么也不要做时，她问自己是否最好应辞职。因为照此看法，她以为自己已不再是一个教师了。"

"但是，当她开始发现她的职责是辨别应该制止哪些行为、应该观察哪些行为时，这位从旧学校来的教师便感到自己非常空虚，并开始怀疑自己是否能胜任这种新任务。事实上，在这方面没有经过训练的她，长时间感到羞愧和无能为力……"[①]

从蒙台梭利对这位女教师所做的心理描述和分析中可以看出：该女教师还没有转换角色，仍把自己放在高高的位置，内心想去强制性地制止乱动、乱讲话的学生，并对学生进行纪律教育。其原因就在于她没有认识到纪律教育必须建立在学生自由的基础上，也没有认识到学生具有自我学习、自我反省和调整的能力。而实际上，在对学生进行纪律教育的过程中，"教师更多的应该是一个被动的观察者，而不是一个主动施加影响的观察者。而且，她的被动性包含着她的急切的科学好奇心，包含着对她希望观察到的现象的绝对尊重"。[②]被动观察的目的在于让学生学会思考自己的行动，积极、自觉地活动；与此同时，对那些无益于学生成长的、蛮横无理的、粗野的言行举止及时进行制止，以避免学生处于放任自流状态。

（四）制度变革代价的分析

在前面论述中揭示了制度占有模式的一个重要特征——制度变革是由行政意志主导的，即规章制度的修改、废除主要是以校长为首的学校领导层基于上级改革的意图或自己的行政意志和创新意念而实施的，而没有经过与师生员工进行充分沟通的过程。

这同前面所述的自上而下的制度制定类似。但与自上而下的制度制定相比，制度变革是以校长为首的学校领导层为实现他们所追求的目标所进行的矫正，通常是一种微调，不存在对他们价值观念和利益的损害或威胁，因而一般情况下他们不会像制定新制度时那样积极地、全力以赴地投入。因此，这种由行政意志主导的制度变革是再一次的"自上而下"管理，对广大师生员工的价值观念和利益具有损害或威胁，也不利于学校规章制度的创新，

[①] ［意］蒙台梭利.蒙台梭利幼儿教育科学方法［M］.任代文，主译校.北京：人民教育出版社，1993：109.

[②] ［意］蒙台梭利.蒙台梭利幼儿教育科学方法［M］.任代文，主译校.北京：人民教育出版社，1993：108.

因而存在着较高的代价。具体论述如下：

1. 行政意志主导的制度变革存在较高的代价

所谓代价，是指"为达到某一目的所耗费的物资、付出的精力或生命"。[①] 任何制度变革都是有代价的，即一种制度替代另一种制度都会造成物质或精神等方面的损失。但在制度变革实践中，除了付出必要的代价之外，往往会出现一些不必要的代价，即本来可以避免但由于消极的人为因素所造成的耗费。因而，问题的关键就在于必须尽量把不必要的代价最小化，甚至避免其出现，因为这不仅能够降低制度变革的代价，同时也有助于提高制度变革的效益（代价与收益的比率）。这也正是本书从代价的角度分析制度变革的原因所在。

在制度占有模式中，行政意志主导的制度变革存在着较高的不必要代价。这些代价不仅仅是指经济代价，也包括心理、时间、组织适应性等方面的代价，并且后者比前者显得更为重要。

（1）经济代价

这里所讲的经济代价，也可称为经济成本，是指行政意志主导的制度变革所耗费的财力、物力，比如宣传教育费用、奖励费用等。之所以要花费这些费用，是因为学校领导层根据自己的意志所决定的制度变革，不是建立在与师生员工充分沟通基础上的，因而要得到师生员工的理解、认可，就必须经常采取宣传教育措施，使师生员工从原制度所负载的价值观、教育教学或管理理念转变到新制度所负载的观念、理念上来，让师生员工相信新制度比原来的制度更合理，并且为激励师生员工遵守新制度，学校还必须拨付经费，设立奖励基金。很明显，这些措施都是要耗费财力、物力的。

（2）心理代价

如果说经济代价只是让校长为学校有限的经费发愁，而并没有给教师造成什么损失，反而使个别教师可以得到一定奖金的话，那么心理代价则不同，它不仅会给教师造成心理、情感上的伤害，还可能导致干群关系的矛盾、冲突。所谓心理代价，是指行政意志主导的制度变革给师生员工的心理、情感、精神等方面所造成的伤害。虽然这是一种非费用性的损失，但比费用性损失更为严重。因为人是学校管理中最活跃的因素，也是最重要的因素，只有尊重教职员工的情感，才能保证其工作的积极性、主动性和创造性，这也是实施人本管理

---

① 商务印书馆辞书研究中心.新华词典[M].北京：商务印书馆，2001：172.

的具体要求和体现。否则，一旦教职员工的情感出现问题，不仅会挫伤其工作的积极性、主动性和创造性，也会使教职员工与学校领导层产生冲突、矛盾，甚至抵抗、对立，对校长的专制进行报复，对校长的权威构成威胁。

出现上述心理代价的一个重要原因，就是行政意志主导的制度变革往往忽视教职员工的习惯。不可否认，学校领导层变革制度的目的通常是好的，是为了使制度更具合理性，更能适应学校改革发展的需要；而且教职员工在执行原制度过程中所形成的习惯也不一定合理。但是，学校领导层要变革制度，首先必须尊重教职员工的习惯。因为一项制度产生之后，教职员工就会根据制度规定逐步确定自己的行动目标、价值观，形成深入内心的行事习惯，其思想、价值观及相应的行动带有很大的惯性。而一旦这种习惯突然被外界的强制力量所打破的话，教职员工就容易出现对抗、抵触情绪。

当然，"尊重习惯，并不意味着对习惯的顺从，制度的创新总伴随着对习惯的改造，没有对习惯的改造就无所谓创新"。[①] 而只是说，制度的变革不能由学校领导层单方面决定，必须经过与教职员工民主沟通的过程。民主沟通的过程不仅是学校领导层传达制度变革必要性信息的过程，也是教职员工对原价值观及其指导下的习惯进行反思的过程。实际上，这对教职员工的行事惯性有很大的缓冲作用，能够减缓教职员工对抗、抵触情绪的发生，从而降低制度变革的心理代价。

（3）时间代价

时间也是资源，因而因制度变革所造成的时间消耗也是一种代价。行政意志主导的制度变革，由于没有经过与广大师生员工充分沟通的过程，因而制度变革通常不需要花费多少时间，从表面上看工作效率很高。但实际上，这种制度变革具有较高的时间代价，主要表现为两个方面：

一是人际关系震荡所产生的内耗。具体讲，由于学校领导层主导的制度变革往往是不公开的，属于"黑箱操作"，没有给教师提供足够的表达意见的机会，因而这种没有经过教师之间相互妥协的制度变革，容易造成利益分配、划分上的不平等，从而不仅造成教职员工与学校领导层之间矛盾的激化，也容易导致教职员工之间人际关系的不和谐。在学校管理实践中，这种强烈的人际关系震荡常常致使一些教师（群体）把时间花在人际关系的内耗上，诸如相互拆台、不合作，互相推诿责任等，不仅影响事情的解决，也浪费了大量时间。在中

---

① 张彦玲，叶文梓.论教育制度创新[J].教育发展研究，2001(5)：9—13.

小学,人际关系的内耗主要发生在教学人员与后勤职工之间、班主任与任课教师之间以及不同学科或职称的教师之间等。

二是消除对抗或人际内耗所需的时间。面对教职员工对制度变革的对抗或抵触以及上面所讲到的教职员工之间出现的人际关系内耗,以校长为首的学校领导层通常需要采取一些措施予以缓解,比如对广大教职员工进行说服或灌输教育、对个别教职员工做思想工作、处理教职员工之间发生的一些冲突或矛盾等。无疑,这些措施将占用学校领导层的大量时间。因而,行政意志主导的制度变革省去了教职员工相互沟通的时间,虽然从表面上看提高了工作效率,然而实际上却导致新制度实施层层受阻、"原地踏步",以致学校领导层需要反复开会及做教职员工的工作,从而付出了巨大的时间代价。

(4) 组织适应性的代价

制度是组织的制度。制度变革的一个重要目的在于适应组织环境的变化,以促进组织的持续发展。学校内部管理制度的变革,同样如此。当前,中小学教育教学、课程改革政策与举措不断出台,新的学校发展理念也不断涌现。在这样一个环境下,学校内部管理制度必须做出积极、迅速反应,不断变革,从而为学校教育教学改革提供制度上的支持和保障。比如,当前学校要实施素质教育、推进课程改革、开展研究性学习、加强学校文化建设、尝试双语教学等,都需要对学校原有的课程管理制度、教师评价与分配制度、学生评价制度等进行变革,该修改的修改,该废除的废除,该替换的替换。

但是仅仅由学校领导层主导而缺少师生员工参与的制度变革,是不能为当前学校教育教学改革提供及时、有效的制度支持的,必然会导致学校对环境变化适应能力的下降,从而影响学校的可持续发展。因为当前学校所开展的课程改革、研究性学习等活动,本身的一个重要精神和特点就是强调教师的参与、学生的参与。没有教师的参与,学校管理者不可能开发出校本课程、编写出校本教材;没有学生的积极参与,研究性学习也无法生动、活泼地开展起来。另外,当前诸如课程管理制度等方面的变革没有太多的经验可以借鉴,必须结合学校的实际情况进行探索。也就是说,学校内部管理制度可以也必须列为校本研究的课题,教职员工应该参与其中。因为教职员工的参与不仅有利于保证制度变革结果的可行性;而且能够活跃学校学习、研究的氛围,促使教职员工反思、打破价值观和行动上的惯性,避免对制度产生惰性依赖;还有利于逼迫学校领导层否定原有的制度,对制度进行实质性变革,而不仅仅是根据自己的一点新认识进行微调,从而实现良性的制度创新,避免制度变革陷入"锁定状态"①。总之,行政意志主导的制度变革不利于制度创新氛围的形成,容易使教职员工对制度产生依赖,从而降低学校对环境、需求的适应性。

2. 降低制度变革代价的关键：师生员工的参与

上面叙述了行政意志主导的制度变革所存在的代价,这些代价既不利于学校管理效益的提高,也无助于人本化管理的实施以及学校的持续发展。那么,如何才能减轻制度变革的代价呢？从上述四个方面的代价所产生的原因上看,师生员工利益上的不协调、观念上的不认可是导致制度变革存在代价的两个重要原因。而造成利益上的不协调、观念上的不认可的根本原因就在于：制度变革的过程缺乏师生员工的参与。因而,要减轻制度变革的代价,就必须保证师生员工参与学校内部管理制度的变革。具体论述如下：

(1) 师生员工的参与有助于利益的协调

个体是理性的,都非常重视自身利益的获得与损失,而制度变革实际上是个体之间利益的一次重新划分与再分配。因此有些人为了获得利益而努力促进制度变革,既得利益者则尽力维护现有制度;有些人因获得利益而对制度变革结果表示满意,有些人则因利益损失而对制度变革结果存有意见。这是制度经济学家研究制度变迁的一个根本性假设和前提,也是对前面所述的行政意志主导的制度变革产生经济代价、时间代价的一种概括性解释。在制度变革结果公布后,学校领导层之所以要开展宣传教育、设立奖励基金、做一些教职员工的思想政治工作,其目的就在于试图缓和、消除一些教职员工对制度变革结果的不满情绪和反对意见。

这种事后补救性的措施虽花费了大量费用,却并不能从根本上解决问题。而要从根本上保证教职员工没有较大的意见,就必须让教职员工参与制度变革过程。因为教职员工的参与意味着他们拥有了话语权,可以表达自己的意志,维护自己的利益或者为自己争取利益。这样,经过学校领导层与教职员工之间、教职员工与教职员工之间的不断妥协、讨价还价,就可以使得制度变革兼顾到不同个体的利益需求,使个体间的利益变得协调起来,从而令大多数教职员工对制度变革结果感到满意,避免出现重大分歧。相反,在缺乏沟通、协调情况下的制度变革必然会付出巨大代价,因为"经验证明,内部改革之所以没有成效,或造

---

① "锁定状态"是诺斯的制度变迁理论中的一个重要术语,此处借用过来,其含义是指当一种制度已阻碍学校教育教学改革和组织持续发展时,以校长为首的学校领导层为了自己的既得利益而仍然尽力维护它,从而使该制度成为存在却无效的制度。

成人才和精力的巨大浪费,这通常是因为上面的管理和下面的行动之间缺乏沟通和协调不好"。① 总之,师生员工参与制度变革,为师生员工话语的表达及其相互之间的沟通提供了机会和可能,有助于利益的协调,从而减轻制度变革的代价。

(2) 师生员工的参与有助于观念上的认可

协调了利益,并不意味着教职员工就对制度变革满意了,没有意见了。因为利益的协调解决的只是制度变革的公平问题,而没有解决制度变革的另一个根本性的问题——价值观念问题。价值观念是制度内在的灵魂。只有当教职员工对变革后的制度所负载的价值观念表示认可,或者说,教职员工的价值观念与制度所负载的价值观念保持一致时,才能保证变革后的制度具有可行性、生命力。正如有的学者所指出的:"价值创新是源,制度创新是流,只有价值的创新才能支撑制度的创新。"②

而要做到这一点,就必须让教职员工参与制度变革过程,因为这样可以使学校领导层、教职员工之间相互交流、共同反思与学习,从而不仅有利于激发创新思维,综合众人智慧,保证所变革的制度更具合理性,也能够保证所变革的制度被大多数教职员工所接受,具有可行性。无疑,这将节省宣传教育费用,并增强学校组织对环境变化的适应性。对于学生来讲,"在参与学生管理制度的变革中,学生通过讨论或辩论,能够对时代特征、社会需求以及自己的价值取向等进行反思,从而提高自己的理性思维水平和社会化程度"。③ 也就是说,参与式的制度变革也是一种课程,对学生具有教育意义。相反,等制度变革后再组织学生或教职员工学习、理解制度所负载的价值观念,则是一种消极做法,因为这种变革后的学习是一种被动的、接受式的学习,不仅容易导致反抗、抵触情绪的发生,而且不能保证所学习的价值观念是合理的、能够适应外界环境的要求。总之,学生或教职员工的参与,有助于保证所变革的制度有较强的合理性,有较高的认可度,从而减轻制度变革的代价。

3. 共同参与的制度变革

师生员工参与制度变革是减轻制度变革代价的关键,但这并不是要完全否定学校领导层在制度变革中的作用,而是要求学校领导层与师生员工共同参与制度变革。当然,"共同参与"绝不是双方简单地聚集在一块,而是一个含义丰富且复杂的概念。它涉及参与的目

① 联合国教科文组织国际教育发展委员会. 学会生存——教育世界的今天与明天[M]. 华东师范大学比较教育研究所,译. 北京:教育科学出版社,1996:222.
② 张彦玲,叶文梓. 论教育制度创新[J]. 教育发展研究,2001(5):9—13.
③ 李伟涛. 学生管理制度也是一门课程[J]. 中小学管理,2003(1):52—53.

的、角色、程序、程度、氛围、权力、权利、信息等诸多要素，并且这些要素之间相互联系、密不可分。但概括起来，共同参与的制度变革主要体现为以下三个方面的特点。

（1）新的角色定位

在共同参与制度变革的过程中，学校领导层与师生员工所扮演的角色是不同的。以校长为首的学校领导层不再是制度变革全部事务的操办者，而应该充分发挥领导功能，成为真正的领导者。领导与一般事务的管理不同，领导是学校组织中最高层次的管理，它强调对一般事务管理人员和教职员工的影响能力，对学校发展方向、目标的创新与引领。因而，作为领导主体的领导者应该"能恰当地运用其智慧，带领团体成员共同设定组织目标、拟订计划、进行决策，以达成组织目标"。[①]

具体到制度变革过程中，以校长为首的学校领导层要成为真正的领导者，就必须积极了解社会、家庭对学校教育的需求，不断学习、掌握最新学校教育或学校管理研究成果，并经常把这些信息向教职员工传递和解释，组织教职员工学习、理解当前学校改革与发展的理念与趋势。在此基础上，引导一般事务管理人员与教职员工以及教职员工与教职员工之间对学校内部管理制度的合理性进行反思、讨论、交流，甚至可以允许教职员工以教研组或年级组的名义提出制度变革方案。最后在对所收集的意见、建议或方案等信息进行汇总分析的基础上，做出决策。当然，最终的制度变革方案必须在以教代会等形式通过之后才能予以执行。总之，以校长为首的学校领导层所扮演的角色不再是"制度变革的包办者"，而是外界环境需求信息的传播者、学习的组织者、反思与沟通的引导者。

与学校领导层的角色不同，在制度变革过程中，教职员工应该成为积极的意志表达者，积极表达自己对现有制度的意见和变革制度的建议。这是教职员工的权利，因为规章制度的变革涉及教职员工的利益；同时，这也是教职员工的义务，因为规章制度的变革对学校发展会产生重大影响，而关心学校发展是教职员工的责任、义务。但是，表达意见不能仅仅考虑自己的利益，还要考虑其他教职员工的利益和学校组织发展的需要；而且表达意见不能是随意的、无根据的，因为非理性的意见，不仅有碍制度变革进程的推进，也无益于保证制度变革结果的合理性。因此，教职员工还必须是主动的学习者，学习当前学校教育教学改革与发展的理念与趋势，并对自己的思想观念、习惯进行反思。这不仅有助于提高教职员工对制度变革结果的认可度和适应能力，更重要的是，这是教职员工参与制度变革、理性发

---

① 冯大鸣.沟通与分享：中西教育管理领衔学者世纪汇谈[M].上海：上海教育出版社，2002：83.

表自己意见的基础。总之,在制度变革过程中,教职员工应该扮演主动的学习者和积极的意见表达者两个方面的角色。并且,这两个方面是密切相连的,只有首先成为一个主动的学习者和反思者,才能成为一个理性的意见表达者。

(2) 共同的愿景

在共同参与制度变革的过程中,虽然以校长为首的学校领导层与教职员工所扮演的角色不同,但两者应该有共同的愿景。"共同愿景"是学习型组织理论中的一个概念。"共同愿景最简单的说法是'我们想要创造什么'。正如个人愿景是人们心中或脑海中所持有的意象或景象,共同愿景也是组织中人们所共同持有的意象或景象,它创造出众人是一体的感觉……"①就制度变革而言,共同愿景是指学校领导层与教职员工对制度变革的共同愿望,即双方内心的意愿是一致的。当然,共同愿景的形成有一个过程,并且往往是学校领导层促成的。但促成不是要求校领导层自上而下地去设计、规划,而应是对教职员工的价值观、利益观进行引导、改造。

从实质上讲,共同愿景的背后是双方目的、价值观的一致。因而,拥有共同的愿景,是双方合作、共事、积极互动的基础,有利于学校领导层顺利实现领导功能,也能够激发教职员工主动学习和积极表达意志的内在动力。正如有的学者所指出的:"一个分享的愿景是革新的关键,因为它有助于形成组织内的成员感,使工作本身有意义,并由此激励(组织成员)对组织的追随。"②

(3) 民主的氛围

除了拥有共同的愿景,共同参与的制度变革还需要民主氛围的支持。民主的氛围,是学校领导层行使引导职能而不是命令的需求,也是教职员工积极表达意志的前提条件。此外,共同愿景的形成也需要民主的氛围。毋庸置疑,在学校领导层仍把自己放在高高在上的位置,要求教职员工"听我的"。在"只有我说了才算"的氛围下,教职员工与学校领导层之间是不可能平等对话和民主沟通的,因而也就不能保证教职员工实质性地参与制度变革过程,至多只是一种形式、程序,拍拍手、鼓鼓掌而已。

实际上,制度的变革不仅是一次利益的调整、权力结构的划分,同时也是一次新旧文化

---

① [美]彼得·圣吉.第五项修炼——学习型组织的艺术与实务[M].郭进隆,译.上海:上海三联书店,1998:238.

② 冯大鸣.沟通与分享:中西教育管理领衔学者世纪汇谈[M].上海:上海教育出版社,2002:87.

之间的冲突和变革。从行政意志主导的制度变革转变到共同参与的制度变革，不仅需要学校领导层与教职员工的角色发生转变，更重要的是需要学校文化氛围的变化——从专制转变为民主。总之，只有在民主氛围的支持下，转换角色，建立共同愿景，才能使学校领导层与教职员工成为一个制度变革共同体，实现实质性的共同参与。

总之，共同参与的制度变革由于有助于双方利益的协调和彼此观念上的认可，因而也就能够减轻甚至避免不必要的代价。反过来，代价的减轻又能促进制度的变革，因为代价的大小是影响人们是否愿意进行制度变革的一个重要因素。它们之间是辩证的关系。

三、制度共建——学校制度建设的新模式

上文从制度的产生方式、执行机制和变革代价三个方面，分别对"制度占有模式"进行了批判、分析，并在此基础上提出了一些基本观点：

1. 制度的产生应该实现自上而下制定方式与自生自发方式两者的有机融合。为此，应保证学校干群关系的和谐融洽，促进干群之间积极的互动、沟通，以获取充分的有用信息，产生共同认可的制度。

2. 制度的执行不应强调对人的外部约束，不能为执行制度而执行制度，而应发挥师生员工自我约束的能力，使他们自觉、主动地遵守制度，逐步把制度条文转化为无形的学校文化，从而给学校领导层与教职员工带来彼此自由和共同发展。为此，应重构制度执行机制，从控制性的执行转变为自主性的执行。

3. 制度变革是要付出一定代价的，但行政意志主导的制度变革存在着较高的不必要代价。为减轻这些代价，必须保证师生员工实质性地参与到制度变革过程中，使行政意志主导的制度变革转变为共同参与的制度变革。

归纳上述基本观点，本书认为，中小学内部管理制度建设的模式，应该从"制度占有"走向"制度共建"。这里之所以使用了"共建"一词，是因为"共建"能够较好地概括上文中的一系列词语和基本观点，诸如"实现自上而下制定方式与自生自发方式的有机融合"、"积极互动与沟通"、"产生共同认可的制度"、"把制度条文转化为共同遵守的文化"、"彼此获得自由"、"促进共同发展"、"利益的协调"、"建立共同愿景"、"形成制度变革共同体"、"共同参与制度变革"等。

那么，制度共建的核心理念是什么呢？这些理念要付诸实践，需要哪些支持性条件呢？

对于一所学校来讲,不管是以校长为首的学校领导层,还是广大教职员工,只有弄清了这两个问题,才能结合学校与自身的实际情况,有针对性地、自觉地促成制度共建模式的实现。因此,下文将对这两个问题予以具体论述。

(一)制度共建的核心内涵

制度共建,与制度占有的根本区别集中体现在"共建"上。首先应指出的是,"共建"中的"建"不单单是"建立"的意思,而是"建设"的意思。"建立"只是"建设"的一个方面或环节,"建设"是中小学内部管理制度的产生、执行和变革三个环节的总称,这是理解制度共建的一个前提性认识。而制度共建的实质主要体现在"共建"中的"共"字上。"共"有着丰富而深刻的含义,下面我们将阐述"共"字所包含的三层核心含义,这也是制度共建模式的核心理念所在。

1. 制度建设是所有相关当事人共同的事情

在中小学,学校内部管理制度应该由谁来建设呢?或者说,制度建设的主体是谁呢?在制度占有模式中,以校长为首的学校领导层不仅按照自己的行政意志生产产品——制定制度,而且把制定的制度视为自己的私人产品,排斥他人使用,并将其作为约束师生员工行为的工具,作为对师生员工进行奖惩的依据;在不想使用该制度时,便再按照自己新的行政意志对该制度进行"修补"或者干脆"扔掉"。总之,学校内部管理制度成了以校长为首的学校领导层的私人占有物,随他们自己的意志进行使用和处置。

与制度占有模式不同,制度共建模式认为,学校内部管理制度涉及众多人的需要、利益、观念,因而制度是所有相关当事人的制度,这些相关当事人可能是学校组织的所有成员,也可能是学校组织中的部分成员,比如某一个科室、教研组、年级组或班级的成员等。总之,制度是集体的制度,而不是哪一个个体的制度,当然也就不属于校长或副校长一个人的制度。也正因此,制度共建模式认为,学校内部管理制度建设是所有集体成员的事情,而不只是以校长为首的学校领导层的事情。所有集体成员(或者说所有与制度相关的当事人)都有权利并应有机会参与制度的产生和变革,都有权利通过使用制度来维护自己的利益(共享制度),也都有义务、责任遵守制度和变革制度。也就是说,在中小学,以校长为首的学校领导层与全体师生员工(或者说所有与制度相关的当事人)应该共同制定制度、共同执行制度以及共同参与制度变革。

　　当然，制度共建模式在强调学校内部管理制度应该由学校领导层与师生员工共同建设的同时，不忽视以校长为首的学校领导层所具有的重要作用，但对其角色、职能进行矫正，并且承认以校长为首的学校领导层与教职员工双方在制度的产生、执行和变革过程中存在角色上的差异，不将双方的角色、职能相混淆或等同。

　　2. 为了彼此自由、便利与发展而建设制度

　　从制度建设的目的上看，制度共建的目的在于使以校长为首的学校领导层与师生员工彼此获得自由、便利与发展。这种目的观既体现了人性化的要求，也有利于管理效益的提高，因此，是一种积极的目的，与制度占有模式的消极目的形成了鲜明的对照。

　　所谓彼此获得自由，就是一方面能够使师生员工在工作、学习中拥有独立性、主体性和一定的选择空间，从而使其在精神上感受到愉快、幸福，而不是受到制度规定的约束，受到经济上的处罚（比如扣发奖金、罚款）、体罚或变相体罚等；另一方面能够使以校长为首的学校领导层减轻琐事事务负担，拥有更多的时间学习、思考学校发展的新理念，缓和师生员工对其命令的反抗或抵触情绪，树立师生员工认可的权威。

　　所谓彼此获得便利，就是学校领导层与师生员工通过共建制度而达成相互认可的规则，使学校领导层不必再天天用高嗓门宣布什么该做、什么不该做，从而能够节省大量时间、口舌、精力，也能够保证师生员工对自己的行为有预见，不需要每做一件事之前都去请求一下学校领导层。总之，当双方有了共同认可的规则时，工作就会变得默契，交往就变得简洁，心理上也会获得一种稳定感和安全感。

　　所谓彼此获得发展，就是不能把建章立制视为目的，为建设制度而建设制度，单纯地"为自身立法"，而应该把促进双方的共同发展作为制度建设的目的。人不是制度的奴隶，而是制度的主人。制度必须为人的发展服务，为学生的发展服务，为教师的专业发展服务，为校长专业素养的提高服务。在制度共建模式中，自主性的执行机制、学校领导层与师生员工的对话、共同学习与反思等都能很好地体现这一目的。相反，在制度占有模式中，强制性地执行制度条文、接受式地学习规章手册或命令，不但不能提高教职员工工作的主动性、积极性和创造性，反而存在酿造悲剧的风险，诸如教师的流失等。

　　3. 制度建设必须以共同的需要、利益和价值观为基础

　　前面阐述了制度共建模式在主体和目的上的理念——制度应该由以校长为首的学校领导层与师生员工共同建设，应该是为了彼此的自由、便利与发展而建设。那么，为了达到这一目的，两者到底应该怎样建设制度呢？这就涉及制度共建的第三层理念——制度建设

必须以共同的需要、利益和价值观为基础。只有如此,所产生或变革的制度才能成为双方共同认可的制度;双方才能自觉、主动地执行制度,从而使相互之间的人际交往与协调成本大大降低,使制度服务于彼此的专业发展。

以共同的需要、利益和价值观为基础,要求学校领导层与师生员工进行积极的互动,平等、民主的对话与沟通,相互传递有用的、真实的信息(需要、利益和价值观都是一种信息),并进行辩论、讨价还价、相互妥协等。只有这样,所产生或变革的制度才能兼顾、考虑和反映出双方的需要、利益和价值观,从而得到双方的共同的认可和理解。上海市青浦区徐泾幼儿园在实证调查基础上完善教师研修方案(见表2-1),最本质的改变不在于研修活动的针对性和教师喜欢的程度,而是体现在领导风格与组织文化上。

表 2-1　两种研修的特征比较[①]

研修	没有运用实证	具有实证基础
目标确定	组长(园长)依据个体思考和学校大课题的项目进行。 (从上位思考)	从教师实践中遇到的问题演变过来。 每个教师的研修方向可以不一致。 (从实际情况着手)
内容选择	以组长(园长)拍板为主。 (从行政指令出发)	以教师个体的需要为主选择内容。 (菜单式) (从教师主动研修角度出发)
方式采用	集体学习集体实践。 (把教师都作为同一阶段同一特点的人看待)	每个人起点不同。 因人因事因时,交互式进行。 (尊重每个教师的个体学习特点)
评价运用	书面考试或者现场考评。 (为了给予教师一个成绩)	依据课程实施任务完成情况来评价。 (为了更好地服务幼儿)

以共同的需要、利益和价值观为基础,还需要学校领导层与师生员工共同学习和反思,因为存在于双方头脑中的需要、利益和价值观虽然能得到双方的认可、理解,但并不一定是合理的、科学的、有利于学校组织持续发展的。双方只有了解当前社会发展对学校的需求,

---

① 本表是上海市青浦区徐泾幼儿园对教师研修方式前后变化的比较。

共同学习教育教学改革新理念或策略，积极反思自己习惯的合理性，才能保证制度建设能够促进学校对环境变化的适应能力和学校的持续发展，也才能使双方的专业发展水平不断提高。也就是说，共同的需要、利益和价值观不应单单是双方现有头脑中信息的汇聚和整合，而应是一个螺旋上升的过程，在不断改造、不断合理化的基础上不断汇聚和整合。

在此应指出的是，以校长为首的学校领导层与师生员工的积极互动、对话与沟通，形式可以是多种多样的，不一定只局限于会议室圆桌旁，而应拓展到整个学校日常生活之中，比如教室休息室、教研室、图书馆、餐厅等。因为在日常生活氛围中的对话虽然可能琐碎，但能够获取更为真实、有用的信息。

（二）制度共建的支持性条件

理念不能自动转化为实践，它需要诸多支持性的条件。只有在支持性条件的配合下，理念才不至于成为理想的口号。上面所述的制度共建的核心理念也是如此，它对教育管理体制、学校组织及其组织成员都提出了不同的条件要求。具体论述如下：

1. 教育管理体制改革的深化

学校不是孤立存在的，而是处于整个教育系统之中，因此其发展状况必然受到教育管理体制的影响。学校内部管理制度建设也不例外。在众多中小学中，占有式的制度建设就是与高度集权的教育管理体制密切相连的。因为在政府运用行政手段严格管理学校，经常开大会、开小会，安排当前和未来一段时间的工作，开展检查评比活动的情况下，教育系统就会充满自上而下管理的氛围，局长就成了"大校长"，而学校就会成为政府指令的被动执行机构，缺乏办学自主权。因此，以校长为首的学校领导层采取控制、主导的方式进行校内管理制度建设也就不足为奇了。并且，在很大程度上必须采取这种方式，因为只有这样才能与上级教育行政部门保持一致，便于开展学校管理工作，获得上级的认可、表扬以及随之而来的物质资助或政策倾斜。相反，如果根据学校自身的实际情况、教职员工的需要建设制度，就可能会遇到麻烦。高度集权的教育管理体制确实约束了校长与师生员工工作的主动性、积极性和创造性，压制了学校"自组织"系统的生长，不利于学校根据实际需要进行制度建设，是与制度共建理念不和谐、不相容的。

因此，要使制度共建理念顺利付诸实践，就必须深化教育管理制度改革，重构政府与学校之间的关系，让学校对自身发展有更多的自主权。只有这样，才能为进行制度共建创造有利的体制环境,保证学校根据自身发展实际状况和需要进行制度建设。在这种环境条件的支持下,以校长为首的学校领导层才可能引领师生员工共同建设制度,为师生员工提供表达需要、利益和价值观的机会,使制度建设为师生员工的发展服务,为学校的持续发展服务。

2. 学校组织的再造

学校内部的制度共建虽然离不开教育管理体制改革的支持,但如果政府把学校办学自主权真正"还给"学校,学校也不一定能够按照共建的理念进行制度建设。因为校内管理制度的共建除了受到学校外部体制环境的影响之外,更受到学校组织自身因素的影响,诸如学校管理的民主化水平、学校内部的沟通与协调渠道、学习与研究氛围等。这些学校组织本身的因素对制度共建具有重要的影响作用。这也是当前一些学校的制度建设水平与制度共建的差距比较大,而另外一些学校差距比较小的原因所在。但从总体上看,我们调查访谈的大多数中小学所表现出来的组织特征,对制度共建理念的实施不但不能起到积极的促进作用,反而具有明显的制约作用。因而,有必要对学校组织予以调整。那么,当前中小学有什么组织特征呢?要支持制度共建,又应把学校建设成什么样的组织呢?对此,具体论述如下:

(1) 学校:师生员工快乐生活的场所

从以泰勒为代表的古典组织理论学家,到以巴纳德为代表的现代组织理论学家以及现象学组织理论的代表人物格林菲德等,都对"组织"作了各种各样的定义。但不管从何种角度对组织作出界定,组织都是人类行为的产物,是人为了实现一定的目标设计的人的集合体。因而,组织应该是为人服务的。学校作为一种专门培养人的组织,更应如此。

但是,当前众多中小学并没有很好地做到这一点。可能有学生在学校生活中感到压抑,身体或心灵上受到伤害,乃至产生厌恶学校的情绪;有的教师可能在学校工作中感到疲劳、不愉快,甚至出现心理问题;同时,校长也是整天忙忙碌碌,感到辛苦、劳累等。这些现象足以说明学校并没有成为真正属于人的组织,人被组织所控制,而不是控制着组织。

实际上,在学校组织中,学生不仅在学习,教师和校长不仅在工作,他们也都在生活。学校是他们日常生活的重要组成部分,因为学生、教师和校长每天在学校生活的时间常常占到一天的三分之一以上。并且,他们在学校生活中的情绪、心理感受,不仅对他们学习、工作的主动性、积极性与创造性有着重要的影响作用,也对他们放学或下班之后的生活具有影响作用。因此,学校应该成为师生员工快乐生活的场所,成为学生、教师和校长温馨、快乐的"家"。只有这样，"为了彼此自由"的制度共建理念才可能实现；师生员工才可能成为学校内部管理制度的主人，而不是被制度所控制。

（2）学校：相互表达意志的集体

在学校，学生、教师和校长虽然都生活在同一环境中，但他们有各自的需要、利益和价值观念，并且可能存在矛盾或冲突。以校长为首的学校领导层不能因为个体之间存在冲突，就不让师生员工参与学校决策，限制师生员工相互交流与沟通，减少争论，避免意见的不一致，以便提高管理效率。话语专制下的学校决策并不能消除师生员工内心的意见，并不能真正提高管理效率，因为在决策出台后，对抗或抵触情绪甚至报复行为会大大影响决策执行的效果。校长的执着是一种可贵的品质，但这种品质在内涵上并不是要求校长执着于自身的立场、经验，而是执着于促进学生发展、倾听教师声音的立场。

在一定意义上说，只有存在矛盾或冲突的生活，才是真实的学校日常生活；只有允许对意见进行表达和争论，才可能形成民主的学校生活。因为不管是对于一个国家，还是对于一所学校，无论"通过何种规则、形式和习俗应用民主的原则，观念上的争论和意见上的论战必然是民主生活的先决条件"。[1]

因而，学校要使师生员工生活得民主、自由，把学生培养成为具有民主意识的未来公民，就应该为教职员工与学校领导层之间、师生员工之间相互表达意志（需要、利益和价值观等）提供机会、渠道和氛围。只有通过相互表达意志，作为个体的人才可能理解别人，知道别人的需要、利益和价值观，才可能综观全局，了解整个学校组织的需要状况、利益布局。与此同时，才可能对自己的需要、利益和价值观的合理性做出反思，从而使个体学会在集体中生活，即学会反思自己的意志，学会考虑他人的意志，学会对集体的发展负责。只有这样，才能使个体的需要、利益和价值观与集体保持一致，才能使个体与他人和谐共处，减少敌对情绪，缓解紧张关系，使自己与他人都能快乐生活。这也是雅克·德洛尔在报告《教育——财富蕴藏其中》中提出"学会共同生活，学会与他人一起生活"[2]的重要目的所在。总之，学校应该成为相互表达意志的集体。我国教育管理专家张新平在研究了格林菲德组织

---

① 联合国教科文组织国际教育发展委员会.学会生存——教育世界的今天与明天[M].华东师范大学比较教育研究所，译.北京：教育科学出版社，1996：189.
② 联合国教科文组织总部.教育——财富蕴藏其中[M].联合国教科文组织中文科，译.北京：教育科学出版社，1996：82.

思想的基础上更是一针见血地指出,"组织是意志、目的和价值的表达"。①

显然,学校生活中师生员工之间意志的相互表达,对于制度共建来讲,是一个重要而有力的支持性条件。因为制度共建的一个核心理念就是要求制度建设必须以共同的需要、利益和价值观为基础,而意志的相互表达则是这一基础的基础。相反,在师生员工缺乏表达意志的机会、渠道和氛围下,学校内部管理制度的产生、执行和变革不仅不可能充分考虑师生员工的需要、利益和价值观,而且只能由以校长为首的学校领导层根据自己的行政意志或者经验建设制度。这不利于师生员工"学会在组织中生活",不能保证他们能够在学校组织中快乐生活,在学校组织发展过程中实现自身的发展。

(3)学校:学习型的组织

"以共同的需要、利益和价值观为基础而建设制度",这一理念不仅要求学校领导层与师生员工通过相互之间的意志表达形成一致的需要、利益和价值观,而且要求所形成的一致的需要、利益和价值观是合理的、发展性的,能够促进双方专业发展水平的提高和学校组织的持续发展。只有如此,才能实现制度共建的另一个理念——为了彼此发展而建设制度。但要保证所形成的一致的需要、利益和价值观具有合理性和发展性,就要求以校长为首的学校领导层和师生员工不断学习、研究,了解社会对学校提出的要求,理解最新教育教学改革理念,以打破自己不合理的观念或习惯,并有能力为制定或变革制度提供科学的建议,迅速适应制度变革。实际上,这就要求学校创建学习型组织,在学校生活中形成共同学习与研究的氛围,以支持制度共建理念的实施。

学习型组织理论是随着彼得·圣吉的《第五项修炼——学习型组织的艺术与实务》一书的出版而开始风靡全球的。该理论已被企业、政府、学校等组织作为再造组织的重要目标。那么,到底什么是学习型组织呢?学习型组织理论的集大成者彼得·圣吉认为,"学习型组织是一个促使人们不断发现自己如何造成目前的处境,以及如何能够加以改变的地方"。②学习型组织的真谛在于通过真正的学习,使组织中的成员能够重新认识事物,重新创造自我,能够做到以前从未做到的事情,从而在组织内的工作中体味生命的意义。从上面这样一个概念中不难看出,学习型组织有利于组织内部管理制度的积极变革。

---

① 张新平.教育组织范式论[M].南京:江苏教育出版社,2001:270.
② [美]彼得·圣吉.第五项修炼——学习型组织的艺术与实务[M].郭进隆,译.上海:上海三联书店,1998:13.

就学校组织来讲,作为学习型组织的学校应具备以下几个方面的特点①：学校组织成员拥有共同愿景；学校领导作用的新阐释(学校领导不再是事必躬亲的事务主义者,而是教育观念的先行者与引路人)；扁平式组织结构与创造性团队建设；学校组织中的终身学习、全员学习、全程学习与团队学习；学校组织中的自主管理机制；学校组织的开放性等。显然,学习型学校的这些特点,与我们前面所述的制度共建的理念是非常吻合、一致的。因而,把学校创建成学习型组织对制度共建理念的实施具有积极的推进作用。

当然,学校创建学习型组织通常存在一个过程,也需要条件。鲍尔·沃尔纳把组织学习的发展划分为五个阶段：无意识学习；外出进修学习；开始注重开发适合组织发展的学习项目；把学习纳入组织日常工作；学习与工作融为一体。彼德·圣吉认为,创建学习型组织需要进行五项修炼：自我超越、心智模式、建立共同愿景、团体学习与系统思考,并且应把这五项修炼予以融合。

3. 个体共建意识与能力的提升

学校内部管理制度的共建,除了需要教育管理体制改革、学校组织再造的支持之外,更需要人的支持——学校领导层与师生员工共建意识与能力的提升,因为他们是实施制度共建的主体(同时也是组织再造的主体),是制度建设过程中最活跃的因素,他们是否具有共建意识和能力对制度共建的实施具有直接的影响作用。不过,由于学校领导层与师生员工在制度共建过程中的角色、职能有所区别,因而制度共建对二者的共建意识与能力的要求也是不同的。分别论述如下：

(1) 学校领导层共建意识与能力的提升

对于以校长为首的学校领导层来讲,共建制度的意识与能力主要包括民主意识、信息沟通意识与能力、引导意识与能力、协调意识与能力、学习意识与能力等方面。

民主意识。在学校内部管理制度建设的过程中,以校长为首的学校领导层应该认识到制度是集体的制度,自己不应单纯根据行政意志或经验设计制度、变革制度以及强制要求师生员工遵守制度,而要充分尊重和考虑广大师生员工的需要、利益和价值观,与师生员工进行平等对话与民主沟通,为师生员工表达意志提供机会、渠道。因为话语与权力是密不可分的,话语垄断就是专制,而只有相互交流与沟通才是民主的体现。正如杜威所指出的："民主主义不仅是一种政府的形式；它首先是一种联合生活的方式,是一种共同交流经验的

---

① 范国睿.走向学习型组织的现代学校[J].教学与管理,2001(2)：3—7.

方式。"①并且,在此应指出的是,校长与师生员工进行平等对话与民主沟通,为他们表达意志提供机会、渠道,不仅体现了校长自身的民主意识,也能够培育师生员工的民主意识,使其积极参与校内管理制度建设。师生员工民主意识的提升也有助于(有时甚至是逼迫)包括校长在内的学校领导层实施民主化管理。

信息沟通意识与能力。能够认识到制度的产生或变革的关键在于:充分掌握存在于师生员工、学生家长乃至社区管理人员头脑之中的信息(需要、利益和价值观),并积极采取有效措施收集、分析和整合这些信息,以保证所产生的制度、变革的结果能够获得师生员工的广泛认可。其中一项关键的措施就是打破信息不对称的困境,进行平等、民主、深入的对话和沟通。这种对话与沟通应该建立在态度谦虚、彼此信任、拥有共同愿景、批判与反思的基础上。只有如此,学校领导层与师生员工双方才愿意接触,才可能心平气和地交流、讲心里话,彼此能够认真倾听对方的意见,矫正自己的想法或观点。否则,双方的对话就可能会变得空洞无聊、沉闷乏味,甚至沟通受阻,导致双方(或一方)的抵触心理、反感心理加剧,干群关系恶化。此外,在制度执行过程中,学校领导层应该具有捕捉、分析信息的意识与能力,比如应该从师生员工、学生家长以及社区管理人员对制度的不满情绪、行为或事件中敏锐地发现重要信息或深层次问题。

引导意识与能力。在制度建设过程中,以校长为首的学校领导层应该清醒地认识到自己的角色不仅仅是管理者,更应是引领者。通过组织学习讨论活动、创设民主宽松的环境等措施,引导师生员工之间积极互动以促进制度的产生,引导师生员工理解制度、自觉地执行制度以及对制度的合理性进行反思。

协调意识与能力。"管理就是协调。""协调乃是管理的本质所在,是管理区别于其他一切社会活动的最本质的东西。"②对于制度共建来讲,协调显得更为重要,因为个体之间利益上的协调以及个体目标与组织目标的协调是制度共建的两个必要条件。在一个教师之间利益纠纷不断、教师目标与组织目标不一致的学校,是不可能实现制度共建的。因此,在制度共建过程中,以校长为首的学校领导层应该具有协调意识与能力:协调教职员工需求与组织发展目标的关系;协调教职员工之间的利益冲突;与此同时,还应协调好"自己以身作则遵守制度"与"要求教职员工遵守制度"之间的关系。

① [美]杜威.民主主义与教育[M].王承绪,译.北京:人民教育出版社.1990:92.
② 黄云龙.现代教育管理学[M].上海:复旦大学出版社,1993:3.

学习意识与能力：在制度建设的整个过程中，以校长为首的学校领导层应该树立"以学习促进制度建设"的意识，积极领会当前教育教学改革精神，认真学习学校管理与发展方面的理论或理念，结合自己工作中的实际问题，分析、研究师生员工对待制度的态度以及违反制度的原因，并对自己的思想观念进行反思等。

（2）师生员工共建意识与能力的提升

为了保证师生员工能够积极、有效地参与到制度建设过程中，师生员工应当提升共建意识与能力，这主要包括参与意识、表达意识与能力、自主意识与能力、学习意识与能力等。

参与意识。师生员工要打破"制度建设是学校领导层的事情"的观念，把制度建设视为自己的权利与义务；认识到自己有权利参与制度的制定与变革，也有义务执行制度，从而积极、主动地参与制度的制定、执行和变革过程；利用制度维护自己的利益，自觉承担执行制度的责任，为保证制度更具合理性而提出自己的建议或变革方案。

表达意识与能力。在制度的产生、变革过程中，能够与他人进行平等对话与民主沟通，积极、公开、理性地表达自己的需要、利益和价值观，而不是乱讲、背地里讲。因为表达意识与能力不只是字词组合的能力，更是一种对字词组合的意义承担责任的意识，对字词组合所蕴涵思想观念的合理性加以辨别的能力。不负责任的表达、不假思索的表达，不仅无助于制度的产生、变革，也是权利的滥用。

自主意识与能力。树立自己是制度的主人的意识，在需要遵守某些管理制度时，不是依靠学校领导层的现场检查或因害怕惩罚而遵守制度，而是能够自觉地对自己的行为进行自我约束，对自己的行为主动承担责任，违反制度后及时进行自我批评、反思与矫正。

学习意识与能力。树立终身学习、团队学习、主动学习等观念，在学校日常生活中积极领会最新教育教学改革精神，学习新的教育理念或理论；围绕学校、班级或课堂管理中存在的实际问题，从制度的角度对制度本身的合理性、制度执行的方式以及自身习惯等方面进行思考与分析，甚至可以作为研究的课题。总之，由于制度建设的背后是观念、文化的建设，因而应该切实认识到学习在制度建设过程中的作用，并不断提升自己的学习意识与能力。

第三章

品质学校治理中的教师品质： 学会实证研究

> 教师是学校治理的重要主体,其角色不单是学科教学者,同时也是学校组织变革的参与者、贡献者和分享者。教师参与学校治理对学校教育绩效有积极的影响,其实质是为促进学生学习提供多方面支持,从开发实施课程、变革教学方式,到科学评价乃至师生关系等。而实现这些支持,不能只是依赖经验、习惯,还需要实证研究,这是教师深度参与品质学校治理的必备品质。

前一章聚焦于校长领导力,受"自生自发秩序"论的启示而论述制度共建,其背后的理论基础是知识论。知识论是走向循证的品质学校治理的基石。学校治理中的循证,即破除经验、习惯的束缚,在尊重规律的前提下,探寻适宜学校发展的知识。教师作为学校治理的主体,其角色不单单是学科教学者的角色,同时是学校组织变革的参与者和贡献者。即使是学科教学者,也不只是学科知识的传播者,还是教育教学知识的生产者。教师开发教育教学知识,是参与学校组织变革的一项重要基础。基于 PISA 数据的学校治理差异研究表明,教师参与治理对学校教育绩效具有积极影响。[①]

---

① 解洪涛,李洁,陈利伟. 参与式治理、社会文化与学校的教育绩效——基于 PISA 数据的东亚国家学校治理差异研究[J]. 清华大学教育研究,2015(2)：64—73.

今天的学校教育处于转型之中，主要使命在于内涵发展，核心是促进学生学习，让学生学会学习、提升学习品质。如果说学生学会学习是硬币的一面，那么教师学会研究就是硬币的另一面。当我们说学生要学会学习的时候，也意味着教师要学会研究。教师学会研究之时，才是学生学会学习之时。因为学生学会学习，不是自发地、自然而然地就可以达到的，需要教师的有效支持，包括理念的支持、开发实施课程的支持、教学方式方法的支持、科学评价的支持，乃至师生关系的支持等。而实现这些支持，不能只是依赖经验、习惯，还需要实证研究。

教师研究与学生学习之间的关系正表现得越来越紧密。无论是 2015 年联合国教科文组织提出的"教育 2030 行动框架"，还是 2016 年我们国家在《关于深化教育体制机制改革的意见》中提出的"在培养学生基础知识和基本技能的过程中，强化学生关键能力培养"，在价值层面上均关注质量和学习，而在行动层面上都必将关注学校和教师的恰当策略、有效方法。这两个层面的联系紧密程度之高，《特权：圣保罗中学精英教育的幕后》一书甚至将之称为亲密，即与学生最亲密的是教师。在品质学校治理中，学生发展目标的实现更加需要教师善于解决问题，为学生学习提供科学、适切的支持，这是现代学校教育的逻辑。因此，教师学会研究，让研究有深度，实现善研，其意义之大不言而喻。

一、从现象到假设

在社会科学研究中，问题被视为研究的灵魂[①]。问题作为灵魂，表明其在研究中的地位之高，既是一项课题研究的出发点，也是一项课题研究的归宿，贯穿于研究的始终。问题聚焦是行动改进的首要环节。没有问题，就没有改进可言。研究目标、研究内容、研究方法、研究结果都要围绕课题提出的问题。否则，就会在研究中出现前后不能呼应，研究内容不能紧扣问题，研究结果不能回答提出的问题的局面。

缺乏问题聚焦的研究，在各级课题立项评审、优秀成果评审时常常会碰到，要么是问题不清晰，或者根本没有提出一个实质性问题；要么是问题提得非常好，但后面的内容、方法乃至结论脱离了问题，实际上这样的研究还是属于没有问题的研究。比如，在一所很有特色的中学，一位老师开展了一项研究，设计一份调查问卷，让离开学校、已经进入本科或研

---

① 彭玉生."洋八股"与社会科学规范[J].社会学研究,2010(2):180—210+246.

究生阶段的毕业生填写,这样的想法做法似乎是挺好的,有助于推进学校特色教育的持续发展。但在仔细看过调查问卷和调查数据的分析之后,发现最大的问题是没有问题。尽管方案中写了一些想表达问题的话,比如了解学校特色教育对学生发展的影响究竟如何,学校培育出来的特长生有没有优势等。但实际上,这些表述并没有真正表达出要研究的问题。这位作者试图研究的问题,其实应该是:特色教育过程中到底是哪些因素对学生学习产生了持久而有效的影响,是学校里课程设置类型,还是学习环境创设,或者是学习评价方式?这才是真正要研究的问题。有了这个问题,才能设计问卷,保证问卷内容有结构,分析有针对性,形成科学的结论。可见,如果没有真正提出一个清晰的问题,研究就无法有逻辑地展开。没有问题的研究,是无法在教育教学实践中发挥出其应用价值的。

那么,如何提出一个好的、清晰的真问题呢?这需要在认识上有一个不断深入的过程,即问题聚焦。这是一个从模糊到清晰、从笼统空泛到具体切入的过程。我们要聚焦问题,在思维上就不能把问题作为限制的障碍,而是改进的机遇。发现问题,就是发现机会。问题像梯子,而不是天花板。我们需要经历三个阶段,才能实现问题聚焦。

第一个阶段是从现象到问题。现象是事物表现出来的,能被人直接或间接感觉到的一切情况。比如,我们发现有些学生在解题时找不到简便的解题方法,不能将复杂问题简单化;我们发现在班级活动中,学生的主体意识还没有被唤醒;我们还发现有些家长对学校变得越来越配合和支持等。我们应把这些现象上升为问题,并揭示其本质。家长对学校变得越来越配合和支持,实质上属于满意度的问题。由此完成了第一个阶段,进入第二个阶段。

第二个阶段是对与问题有关的文献进行梳理,掌握别人已经研究了什么,研究到了什么程度。已有研究是新研究的基础,只有站在别人肩膀上才能避免重复,提高研究起点。否则,缺乏文献综述,不了解研究现状,到最后才发现自己的问题已经被别人研究过了,后悔没有参考已有研究成果而影响自己研究的质量。比如关于家长满意度问题的研究,根据中国知网已有的文献梳理,从 2007 年开始逐步增多。已有研究表明,家长期望值越高,其满意度反而会低。但也有研究提出,家长期望值高,其满意度未必一定低。同时,根据一些学校发展的案例以及政府推进的教育改革政策指向,研究者自然而然地会提出一个假设:除了期望值之外,学校课程选择是否多样、家校互动状况是否顺畅可能也是影响家长满意度的因素。

根据文献综述提出研究假设,标志着进入第三个阶段。什么是课题研究的假设?假设就是从文献综述或讨论中产生的对经验问题的回答,是课题将要验证但尚未验证的内容,这正是问题的最后聚焦。有了这次聚焦，研究者可以在研究内容设计上把选择因素、参与因素作为研究的重点，通过变革举措，比如增加课程选择性和加强家校互动，来验证这两个因素是否真的会对家长满意度产生积极的影响。

二、创意设计的"出场"

在问题聚焦之后，课题研究便进入设计及实施阶段。这是一项好的课题研究的关键。不同的研究问题，采用的研究思路、内容与方法都是不一样的。即使是同一个研究问题，不同的老师在研究思路、内容与方法上也都有各自的特点。研究问题和课题主持者的优势，决定了研究形式和方式。作为基层学校的教师，如何在聚焦问题之后，明确自己的研究思路、内容与方法呢？

中小学教师不可能像大学教授一样，从概念出发，讲道理，开展辩证的学理研究，展现逻辑的严密，最后形成议论文，这个过程不符合中小学教师身处实践一线、扎根课堂教学、促进学生学习的角色定位。如果不从概念出发，而从具体情境案例出发，讲自己经历的故事，并用生动形象的语言来叙述，形成记叙文文体的教育案例，尽管可以促使我们反思自身的观念与行为，但难以以一个载体为抓手实现行为的跟进。如果既不从概念出发，也不从具体情境案例出发，而是从教育教学、班级管理过程中碰到的真实问题出发，着眼于问题解决，提出解决问题的创意，研究操作步骤与程序、方法的设计，最终把创意实现。有了这样的创意与设计，教师就不是给别人讲大道理，也不是讲具体的情景，而是讲怎么做，说明采取的行动是为了解决什么问题，与其他人有什么区别，这样的想法怎样转换为操作。在本质上，教师开展的创意设计，属于说明文，而不是纯粹的议论文或记叙文。

创意设计是创意与设计两个关键词的组合。没有创意，设计充其量是一般性任务的布置安排。而没有设计，创意只是一个未付诸行动的设想。创意设计除了具有促进名校教育教学设计精致化的意义之外，还可以为同行提供借鉴作用，这是公共性视野下品质学校肩负的社会责任。已有经验表明，名校所谓的某某教育模式在其他学校很难行得通，而切入口小、彰显智慧的创意设计却可以给同行带来有益的启示和借鉴。

"一条就是写自己最熟悉的生活，每个人的生活范围其实都是有限的。其实你有一块属于自己的园地，只有在这块地里，才能够挖出你的泉水来，轻易浅尝辄止，一直往前走,也必须不断地回头,寻找你最熟悉的内容,没人让你去写根本不懂的事,而应写你最在行的。

　　另外的一点,把自己和别人分开。你就是你,留下你个人的痕迹。无论语言、结构、各个兴趣点,都是你的发现。美术和音乐都那么强调个性特质,文学尤其要这样。

　　简单讲,就是写自己熟悉的,把自己跟别人分开。"①

　　上述文字是2015年茅盾文学家获奖作家金宇澄给年轻作者的建议。当我们分析2015年茅盾文学奖获奖作品时,发现它们有一个共同特点,就是每本书的背后都是独特的地域文化,比如《生命册》的背后是中原文化,《繁花》的背后是上海弄堂文化,而这些作家生活生长在这些文化中,熟悉其中的人的生活方式。

　　作家金宇澄的两条建议,对于中小学教师学会研究,表达自己的研究成果,有重要的启示意义。作为基层学校教师应该设身处地,把自己置于学校发展情境之中,置于学校独特的办学理念、学校文化、学校变革之中。关注自己在教育教学中遇到的问题,用不同于传统的或别人的新思路、新方法、新平台,有效地解决问题,并在此过程中体现出自己的个性与特色,这是品质学校对教师专业发展的要求。那么,按照创意设计的思路、内容与方法,在课题研究中应该抓住哪几个关键环节呢?

　　第一,提出创意。创意,是设计方案的关键要素。所谓创意,就是针对面临的问题,提出有一定创新意义的解决思路。需要把设计的创意要点罗列、描述出来,并简要说明依据。依据可以是理论依据,比如某个理念或理论;也可以是实践依据,比如能够有效解决某方面的问题,能够体现学校办学理念等。

案例3-1　"教师成功课堂教学事例推荐活动"的创意②

1. 让学生参与评教

● 传统教学评价模式多是自上而下的,评价的主体是学校行政(校长、教导处)。但是,现代教育中,学生是学校教育服务的对象,学生有权利评价学校提供的最重要的服务——

---

① 金宇澄文学访谈录:上帝无言,细看繁花[EB/OL].[2014-09-09].http://book.ifeng.com/zuojia/detail 2014 09/09/123853 0.shtml.

② 张民生,朱怡华.现代学校发展创意设计[M].上海:上海远东出版社,2006:477.

课程与教学——的质量。

● 向明中学历来奉行"让每一个学生在创造实践中成长"、"学生是学校主人"的教育理念，近两千名向明学子应该是促进教师专业成长的催化剂。

● 在现代教学活动中，学生是教学活动的主体，是教师教学方法和教学效果的直接体验者。学生评教有助于改变教师的教学态度与行为，能够为学校管理层提供真实、具体的教学信息，以便改进教学管理。

2. 让教师感受成功

● 人都渴望被赞扬、被理解、被认可，学生如此，教师也是如此。当一个教师精心设计的教学形式或长期形成的教学风格，一旦被同学认可、理解与欣赏时，这种激励作用之大不可估量。

● 请学生推荐教师的成功课堂教学，这种评价方式最大的创意在于它是一种认同式、欣赏式的评价，它与基于发现缺陷的传统评价不同，属于积极评价。它通过发现教师的闪光点，让教师感受成功；在肯定教师的同时，促进教师的自我反思与判断能力，教师自己发现教学存在的问题，自己调节教学设计与实践。

● 让教师感受成功，能够激励教师根据学生发展需求进行创造性地教学，追求教学美，追求个性化教学风格，改善师生关系。这不仅有利于教师专业精神的培养和名师的培育，也有利于现代学校文化建设。

再比如信息应用问题。"教师教学国际调查"（TALIS）结果公布：在 8 项经常运用的课堂教学策略中，上海教师有 7 项均优于国际平均水平，但在"学生使用 ICT 完成项目或作业"这一项，仅有 15.2％的上海教师经常让学生使用 ICT（信息与通信技术）完成项目或作业，还不到国际均值 38.0％的一半。如何提升信息化应用水平呢？上海市黄浦区思南路幼儿园提出一个新的角度——信息环境优化。信息环境并不是指信息技术或信息平台，更不是信息设施设备，而是指保障质量的良好的信息生态。对于学校组织而言，信息环境是一种软环境，是学校育人环境的重要组成部分，人是信息环境的中心，信息资源、信息技术、信息流动、信息利用都服务于人。学校信息环境表现为：教职工的信息观念的先进性，信息有机整合而非割裂式的信息孤岛，信息资源在课程开发实施与教师校本研修中的有效配置，科学的、有助于质量改进的信息的认可度与传播力，教师感受到的信息可获得程度与满意程度，等等。

第二,程序步骤的设计。实施的程序和步骤,是整个创意设计方案的主体部分。每一项行动,都有一个实施过程的程序安排。如果涉及的人、事、物比较复杂,活动范围较大,持续时间较长,那么合理的程序设计就显得更为重要。为了能够让执行者便于操作,让同行能够借鉴,需要用简洁语言对程序予以说明,即一个创意是怎样按一定的顺序展开的。江苏省常州市觅渡桥小学的前身为冠英义学,创建于1841年,是瞿秋白的母校。"秋白讲解团"是学校的一个学生社团,成立于1985年。社团以"觅秋白足迹,扬秋白精神"为宗旨,引导学生把瞿秋白故居及纪念馆当作自己的课堂,当作校园文化的一部分,更当作施展才能、锻炼才干的好阵地。为实现设计目的,学校精心安排了实施程序,主要包括前期宣传、招募选拔、培训学习和上岗实践四个环节。

案例 3 - 2 "秋白讲解团"创意设计的实施步骤

步骤1:前期宣传

① 秋白讲解员利用午会时间到各中队讲解秋白故事。

② 邀请各中队到瞿秋白故居及纪念馆聆听秋白讲解员介绍瞿秋白生平及事迹。

③ 利用升旗礼向全校师生宣传"秋白讲解团"的历史、组成、价值及经典活动,让师生对讲解团有初步的认识。

④ 张贴招募海报,发放报名表格,吸引有兴趣的少先队员参加招募选拔。

步骤2:招募选拔

① 第一轮

选拔对象:所有报名的同学。

选拔内容:A.诗歌朗诵(考察普通话水平及音色);B.即兴问答(考察语言表达及应变能力);C.仪表体态。

② 第二轮

选拔对象:通过第一轮的同学。

首先对参加第二轮的同学进行一次集中选拔培训,从学习内容、体态礼仪、选拔心态等方面进行指导和培训。

选拔内容:A.自主了解瞿秋白的生平,用自己的话对瞿秋白进行一分钟介绍(考察学习能力及语言概括能力);B.一分钟才艺表演。

步骤 3：培训学习

每周一次集中培训学习。

培训时间：每周五下午 3:00—4:30。

培训地点：学校队室、瞿秋白纪念馆及故居。

培训内容：①语言训练：朗诵、绕口令、气声训练、故事演讲等。②形体训练：站、立、行走及手势、表情等训练。③文本学习：了解有关瞿秋白的生平事迹、瞿秋白故事；撰写讲解词；熟记讲解词并能灵活运用。④专家指导：请瞿秋白纪念馆的馆长及工作人员为社团成员讲解瞿秋白生平中较难解说的部分，并指导他们如何讲解。⑤实地演练：到瞿秋白故居及纪念馆将讲解词与版块配合练习讲解。⑥外出学习：到红梅公园、博物馆等场所聆听专业导游讲解。

以上培训内容交错进行，并于每学期末进行一次培训考核，对每个讲解员进行各方面的考评、打分，并发放成绩单，评选"优秀讲解员"、"讲解能手"等。

步骤 4：上岗实践

经培训考核通过的讲解员则可正式上岗。

①"红领巾讲解队"，为少先队员讲解：A.为一年级入队的新队员讲解；B.为学校需要的中队讲解；C.为兄弟学校的少先队员讲解。

②"义务讲解队"，为故居和纪念馆的游客讲解：利用周六、周日等课余时间为故居和纪念馆的游客义务讲解。

③"品牌讲解队"，为各级各类领导贵宾讲解：每当有领导贵宾参观瞿秋白故居及纪念馆时，由讲解团的一支"品牌队伍"为他们讲解。

三支梯形队伍为不同层次的群体讲解。根据每个讲解员的积分及各方面的表现确定三支队伍的成员组成，但随着讲解员的不断成长，成员组成又会有更新或调整。①

第三，操作要点。创意设计的实施既包括实施步骤，比如分几个阶段推进，还包括操作要点，即实施的关键点是什么。比较好的操作要点的表述，具有简洁性，即对实施者的行为不作硬性的控制性安排，而只是提出实施要点，从而为实施者留有创新的空间。创意设计

① 尹后庆,张民生,傅禄建.现代学校发展创意设计：方案与评论[M].上海：同济大学出版社,2010：95—96.

方案往往需要对某些环节做具体解释或提示。提示包括三个方面：一是说明方案实施的重点和难点，尤其是设计者根据自己的经验、判断，指出在实施过程中需要注意的环节和问题。二是进一步说明或描述在程序中涉及的一些细节和因素，包括人员配备、环境布置、设备用具、图表应用等。三是创意设计的实施部分有时还需要提出特别建议，或者说值得特别注意的事项，以便其他学校借鉴时参考。

创意设计实施的时间安排与负责人，是不容忽视的内容。因为创意设计作为一种比较具体的、可操作性的设计，往往有一定的时间和空间要求，同时需要在组织与管理上有一定的保证措施。成功的学校改革经验表明，学校改革有时就是一种时间重构，否则就会有冲突、不和谐。当一项新的改革超过了大家的预期时间时，大家就会容易产生抵制改革的情绪乃至行为，因为时间是一个重要的成本与代价。

第四，效果评估。学校发展创意设计的效果评估，主要是要提出效果评估标准或方式。评估的目的在于了解设计实施效果，从而不断改进和完善创意设计方案。经验表明，一个经过实践验证的教改方案，需要对实践的结果给予必要的说明；采用适当的方式呈现和说明教育教学成果，以证明方案设计的可行性。这种效果的说明一方面可以通过分数、成绩等客观指标来反映，另一方面可以更多地通过参与或了解这项活动的学生、教师、专家及其他相关人员的主观感受来反映。设计者在说明成效的基础上，进行实践反思，总结提炼经验。

上述四个基本要素反映了创意设计的文体特点，即重在应用说明。方案设计的语言表述以简洁的说明为主，同时根据需要适当地进行说理论证和记叙描写，以达到便于理解、易于操作的目的。学校发展创意设计，在十年前还不为人熟知，如今已经在学校主动发展中成为一种常规。但越是"常规"，在品质学校治理中，越是有必要不断地追问它的价值与形态。

回顾十年前我们提出"学校发展创意设计"概念时的语境，是基于两个基本的判断：一是尽管我们很难确切地说出哪一所学校是现代学校，但每一所学校的教育教学行为都可以也应当体现现代教育理念与特征，其体现的重要载体未必都是宏大的体系，而更多的是点点滴滴的富有创意的设计。星星之火，可以燎原。二是虽然我们常常能够在学校的课堂或管理场景中感受到老师们的智慧，但他们未必都能够清晰地表达出他们的智慧。正所谓"写得没有说得好，说得没有做得好"，而走出这一困境的出路在于改变教师表达实践成果的话语体系。

上述两个基本判断的认识逻辑是：教师的实践智慧是在场的，这个"场"可能是课堂、活动或管理现场，但我们需要通过创意设计的方式超越"在场"，实现教师实践智慧生长与表达的同步，影响更多的同行并从中促进自我专业发展。单纯地想方设法表达自我的智慧，或者单纯地埋头于实践之中而不能跳出来，都无助于教师实践智慧的真正形成，难以成为同行认可的有品质的教师。按照前述的改变话语体系，应把创意设计理解为"讲创意"、"重操作"的说明文，而不是"讲道理"、"重逻辑"的议论文，或"讲案例"、"重故事"的记叙文。"讲创意"，是教师针对教育教学实践中存在的真问题，提出不同于传统的、经验的、习以为常的问题解决思路，使教育教学实践回归到对教育规律本身的尊重上，焕发出现代性的光彩。"重操作"，则是把提出的问题解决思路转化为可操作、可评价的行为实践。

如果我们把"学校发展创意设计"视为一种出场，那么它就不是静态的，而是扎根于教育改革的实践，需要不断地出场。当前及未来一个时期，面对以促进每一个学生学习为指向、理念转化为关键、教与学行为变革为路径的教育现代化发展需求，学校发展创意设计的价值更为突显。依靠其特有的教师实践智慧生长与表达方式，能够也必须结合当下改革场景与语境，释放出更大的价值。随着常州市第四轮学校主动发展实践的推进，更多的校长与教师在自己熟悉的园地里，用创意设计的话语体系，彰显教育教学实践的智慧，这必将是学校教育现代化发展过程中的一道亮丽的风景。

三、经历证实过程

如上文所述，从随意性的"掏口袋"行为到循证改进，是品质学校治理的必然要求。但从"掏口袋"行为到循证改进的转化，并非易事。在品质学校治理中，中层部门负责人对下属采取直接发布命令的方式，普通教师面对同事采取"眉目传信息"的方式传达问题解决的信息，本质上都与循证改进目标存在差距。

对于教师而言，经历一个证实的过程，是实现转化的必经途径。只有问题意识，或者有问题意识和创意设计而没有证实，对于教师循证改进都是不充分、不完整的。一项好的研究，是嵌在探索实践与行动改进之中的，并在此过程中得到证实。所谓证实，就是能够寻找到证据，证明哪些是关键因素，怎样的实践方式是有效的。课题研究只有经历了证实，不只是基于别人的文献，而是基于自己在研究过程中积累的数据资料信息，并形成证据，这样才能确保研究结果应用于实践的可行性，获得同行的认同。

经历证实的过程,前提是教师对自身角色的正确认知。教师从前台走向后台,更多地通过课堂观察,在发现学生学习中所遇到的困难的基础上优化自身的教学行为,或给予学生个性化的空间和个性化的指导,这是学生学习行为发生的重要条件。实践中许多案例也证明,要知己,必须知彼;通过观察学生,才能更好地优化自己的行为。上海市崇明区实验幼儿园为促进儿童社会性发展,建设了社交游戏中心。而这个社交游戏中心,不仅是儿童交往的场所,也是教师观察儿童的场所;教师在观察基础上进行研修、干预,因而也是教师的实验中心。实验就是要验证假设。在崇明区实验幼儿园,当他们提出创设适宜的环境可以改变儿童学习行为的假设之后,教师在社交游戏中心的重要角色就是不断的观察、不断的验证假设。

在证实过程中,基于证据是核心要义,那么应该如何正确理解证据、寻找证据呢?

第一,数据不等于证据。如果数据及其统计不能与教育教学实践变革关联起来,只是局限于测量学意义上的指标数据统计,那么其结果就很难在教育教学改革创新中使用,从而影响课题研究的有效性。也就是说,课题研究真正需要的证据,不是直接获得的或者描述性统计数字本身,而是能够证明影响教育教学变革的因素及其机理的事实。

证实离不开指标、数据,但又不能局限于指标、数据,因为数据不等于证据。数字慎用的背后是数据存在着一个转换为证据的问题。"虽然数字是一种说明问题的很有用的方法,但是它并不是一种决定性的方法。许多学者也许都把数据分析的最后结果作为报告和出版物的基础。但决策者对这一问题的态度更为谨慎。在他们看来,数字无非是一种用来论证问题的方法,而不是论证本身。"①证据并非是数字本身,而是客观存在的事实。强化证据意识,就是要坚持问题导向,把数据与改革和发展的问题结合起来,比如影响因素是什么、薄弱环节到底在哪里。前面讲到的家长满意度水平或程度值数据本身,并不能直接作为改进教育供给服务的证据。证据应该是家庭经济社会背景影响家长对教育的满意度,学校课程的选择性和多样性影响家长对学校办学的满意度,家长参与学校管理能够提高家长对学校的满意度等事实。所以,强化证据意识,就是要超越"主观认识",自觉寻找和运用只能是事实的证据。

第二,事件不等于事实。"任何事件不能直接作为证明的证据。只有当人们从(尘埃落

---

① [美]沃恩.科学决策方法:从社会科学研究到政策分析[M].沈崇麟,译.重庆:重庆大学出版社,2006:145.

定、已经摆在那里的)事件中截取出事实之后才能当作证据来使用……能当作证据的只能是事实,物或事件只是证据的载体。"①这个判断的背后是在阐释一个重要命题：事件与当作证据使用的事实之间存在差异。在课题研究中,对特定时间范围的事件进行列举或者分类,成为常用的一种方法。但在此过程中,如果只是简单化地列举事件案例,把证实分析狭隘化为事件,就事论事,那么就是一种思维窄化,很难"截取"出能当作证据使用的事实,进而影响研究结果的科学性。

第三,提高证据质量的方法。证据质量包括证据收集质量与证据分析质量。如果证据收集质量不高,存在失真、片面或狭隘等缺陷,那么证据分析的方法再科学也无济于事。同样,如果证据分析质量不高,过程与方法简单粗糙,那么收集的证据再有质量,也难以形成科学的结果。证据收集质量与证据分析质量是提高证据质量的两个相互联系、相互影响的中间环节,也是体现教育研究的专业技术含量的环节。

一是收集多源信息并整合信息,提高证据收集质量。有质量的证据往往不是靠单一信息来保证的,而需要收集多方面信息。除了主客观教育指标数据之外,还包括经济社会发展信息,因为教育发展中的许多问题不单单是教育系统内部的问题,还与经济社会发展的背景、水平与改革联系在一起。

二是运用证据互证法,提高证据分析质量。根据上海基础教育阶段家长满意度舆情分析,研究者发现家长期望、入学或课程选择机会、家校互动都是导致家长满意度不同的重要原因。以家校互动研究项目为例,根据 2012 年上海基础教育阶段家长满意度调查分析,家长参与学校管理满意度与家长对基础教育总体满意度呈显著相关($P<0.01$),即家长对参与学校管理的满意度越高,家长对基础教育改革和发展的总体满意度也越高,两者呈正相关。随后,项目组于 2013 年和 2014 年在江苏省苏州市、2015 年在浙江省杭州市开展了家长满意度舆情分析,发现上述结论同样适用,这也就从更大的地域范围形成了相互印证的证据链。

总之,证实过程,像探险旅行,而不是做幻灯片。探险旅行,可以有尝试、有错误。课题研究不怕尝试失败,而是怕没有尝试,没有在失败基础上的不断改进。这些尝试失败的经历以及如何诊断失败,还有在此基础上进行新的调适,对于证实过程具有更大的价值。

---

① 张继成. 事实、命题与证据[J]. 中国社会科学,2001(5):136—145+207.

四、调查研究：作为教师专业生活中的一种实践方式

本部分将在"经历证实过程"基础上，拓展到教师实践方式的角度进行论述。这样的拓展，试图从方法、行为拓展到教师的专业生活方式。伴随以学习者为中心的现代教育发展理念，调查研究不再只是作为教育研究中的一种方法，而应是教师致力于教育质量改进的自觉实践。这包含两层含义：一是调查研究离不开工具技术，现代信息技术飞速发展也带来更多便利，但把调查研究理解为教师专业生活中的一种实践方式，更契合现代教育追求以人为本的理念，更有助于促进教师从经验型走向专业化。二是今天的教育质量提升不是建立在比"昨天"多开设一门课程、多布置几道作业的逻辑基础之上，而是建立在已开设的课程是否能够满足学生素养培育需要，学生是否喜欢，还需要开设哪些类别、哪些形态的课程以及怎样开设并不断完善的改进逻辑基础之上。联合国教科文组织的报告《反思教育：向"全球共同利益"的理念转变》指出，我们必须比以往任何时候都更加重视教师和教育工作者，将他们作为全面推动变革的力量。教师怎样成为推动变革的力量？经验不足以支撑，仅有想法和技术也不够，必须有基于实证调查研究的改进实践。

（一）调查研究选题从何而来？

调查研究作为教师专业生活中的一种实践方式，选题自然应关注教师在日常教育教学中遇到的问题。这种"遇到"或许是由于教育教学改革提出了新要求，或许是由于纷繁复杂的教育现象本身，或许是由于好的或坏的、预期的或非预期的教育结果缺乏令人信服的解释，但从根本上讲，是因为原有的经验或认知显现出局限性、不适应性，这也正是需要开展调查研究的动因。即使是学科教学中微观层面的问题，也是调查研究选题的重要来源。以小学生科学学科中"冷和热"前概念学习为例，有研究者采用调查研究的方法，发现学生"在热传递、热胀冷缩、吸热和散热现象等方面的认识存在偏差，容易形成错误的概念"，"学生产生前概念的原因大部分来源于日常生活经验的影响、望文生义以及形象思维的影响"。[①]这为教师在教学过程中促进概念形成、建构对策提供了重要基石。

---

① 陈亮.四年级学生"冷和热"单元前概念的调查研究[D].南京：南京师范大学,2015.

同时，正因为调查研究需要超越自身原有的经验或认知，扎实的教育调查需要相关的文献研究的支撑，整理专家学者是否也提出过此类问题，收集已有研究的成果，编辑同类问题的调查问卷内容。实践表明，调查研究与文献研究可以是一对好兄弟，文献研究是进行调查研究选题的一条捷径。

（二）如何开展调查研究？

贯穿始终的主线是多问"为什么"。调查研究的环节包括调查方案设计、调查工具开发、获取数据信息、分析数据信息、得出调查结果。调查质量有赖于环环相扣，有赖于每一个环节追问"为什么"。比如，为什么是这样的抽样框架设计与样本量，具有典型性和代表性吗？为什么是定量数据收集与定向案例收集相结合，能够充分解释问题吗？为什么是这些调查题目，调查题目有一个完整的维度分类或结构吗？为什么采取网络调查或面对面调查方式，能够收集到真实的信息吗，或者收集成本能够承担吗？为什么数据之间要进行细分、比较，可以抓取到样本之间的差异信息吗？为什么从众多分析结果中筛选出这样几条调查结果？等等。

之所以多问"为什么"，正是源于两个重要的认识：一是如果不经过设计，把调查获得的所有数据都作为证据的话，就犯了简单化的错误。教育质量改进需要的不是描述性统计数字本身，更不是没有深入分析的统计数字，而是统计数字背后学生及其家长对课程和学习的态度、认知倾向等。二是如果把调查的班级、课堂里发生的事件或引起家长关注的事件直接作为案例证据来提出质量改进建议的话，同样是犯了简单化的错误，因为事件与当作证据使用的事实之间存在差异，事件中掺杂着多种因素并表象化，而事实是事件表象中切实存在的影响因素及其影响程度的大与小、直接与间接。

（三）调查研究结果怎样运用？

把调查研究理解为教师致力于教育质量改进的自觉实践，实际上已经回答了调查研究结果的运用之处。但调查证据并不能自然而然地发挥应用价值，需要通过嵌入机制的建立，促进证据的应用。如何应用呢？最关键的是基于调查证据同时超越调查证据，建立教育质量改进机制，包括：将调查结果应用于全面教育质量分析的机制，即把通过调查获得的主观认知态度结果作为诊断分析教育质量的重要证据，并与学生学业测试结果以及教育教学资源配置统计数据关联起来，超越狭隘的把学业测试成绩作为教育质量的理念，全面提升教师对教育质量的理解水平，引领学生健康成长；还有将调查结果应用于教师开展教育教学创新的机制，即针对通过调查研究发现的影响教育教学质量的主成分因素或细节因素，开展富有创意的行动设计，比如设计新的学生自主发展的载体或平台、开发学生喜欢的课程、优化管理流程、改变传统的评价方式等，从而把调查研究中发现的问题予以解决，有效提升教师实践创新能力。另外，建立调查证据回应机制，把调查研究结果运用到回应教育热点问题或舆论、引导家庭和社会树立正确的教育质量观上，这对于传播办学理念和讲好学校改革故事、促进学校开放办学与特色发展具有重要作用。

第四章

品质学校治理中的证据收集

什么是证据？证据收集存在哪些误区？面对误区，应当如何避免？品质学校治理中的证据类型有哪些，其中哪些类别的证据容易被忽视？这是本章试图回答的问题。

前面第二章、第三章从主体的角度阐释了品质学校治理，本章以及此后的第五章将从证据的角度理解品质学校治理。无论是校长还是教师，作为学校治理中的主体，如何收集更多有用的证据是首先面临的问题。

一、证据收集的误区

（一）以偏概全

当前人类正处于信息化社会，利益表达的渠道及其传播手段日趋多样，这有利于信息的收集乃至挖掘，但其间却容易出现以偏概全的情况。放大局部或细节的偏好，尽管能获取眼球效应，但信息已被扭曲，容易造成信息误读。以偏概全，以局部替代整体，是证据收集的一个致命缺陷。品质学校治理中涉及主体多元化，且具有一定的复杂性乃至利益冲突，需要着力破解的问题大多属于教育内涵发展问题、结构性矛盾，涉及多种利益关系调整，往往是多种因素综合作用的结果。所以，若证据收集缺乏全局视野、多种视角，其分析结论就难以经得起检验。

以学生课业负担舆情分析为例,直接影响学生课业负担的作业时间就是一个结构问题。根据课题组对上海市教科院普教所、上海市教育信息调查队所掌握的上海市义务教育阶段学生课业负担数据库进行分析,学生完成作业所花费时间,由完成教师布置作业的时间、完成家长布置的作业时间、完成家教老师布置作业时间三方面构成。2010—2014 年五年间调查结果显示:有家教老师布置作业的学生比例在 22% 至 35% 之间,有家长布置作业的学生比例在 52% 至 59% 之间。从花费时间来看,学生完成教师布置作业时间总体上呈现逐年下降态势,但对于有家教老师布置作业、家长布置作业的学生来说,近五年的调查结果显示他们所花的时间出现先降后升的态势。显然,科学优化作业布置需关注作业结构。作业布置不仅是学校的事,也是家庭的事。针对学生课业负担的分析如果只局限于学校,就会产生以偏概全的认识。在这样的背景下,就不难理解为什么 2017 年中央经济工作会议提出把着力解决中小学生"课外负担重"问题作为人民群众关心的问题进行精准施策。

(二) 思维窄化

学校发展过程中发生的矛盾冲突,往往体现为一个事件或多个事件的集结及其引发的变革信号与需求,但事件与当作证据使用的事实之间存在差异。事件不等于事实,事实可以作为证据,但事件并不能直接作为证据。在证据收集中,对特定时间范围的事件进行列举或者分类,成为常用方法。但在此过程中,如果只简单化地列举事件,把证据狭隘化为事件,就事论事,就是一种思维窄化,很难"截取"出能当作证据使用的事实,进而影响在学校治理中作为证据使用的有效性。

以 0—3 岁早期教养机构存在的问题与改进空间为例,如果分析的路径聚焦于因入园高峰而取消公办幼儿园托班招生后社会公众的反应,比如呼吁恢复托班,或者对参差不齐的私立早教中心所提供的服务进行投诉或表达不满,那么充其量是事件分析而非证据分析。其思维窄化于公众的态度、窄化于教育内部,仅仅通过数据及测算来分析公办幼儿园资源配置是否能够满足,或在多大程度上满足家长对开设托班的需求,并得出所谓的结论。实际上,公众对 0—3 岁早期教养的需求到底是什么,观念是怎样的,指导服务的责任主体和供给主体是谁,家庭、社区是不是应该成为主体等,都应该是 0—3 岁早期教养问题分析中的关键内容。按照此思维,将会是另一种分析路径,最终得出不同的结论。根据上海市学前教育研究所对上海市黄浦区、长宁区、浦东新区、杨浦区、闵行区、松江区等地的 2143 户家庭的调查结果,69％的家长非常同意或比较同意 0—3 岁婴幼儿以家庭教养为主,基本同意的为 26％,合计达到 95％;而不同意、非常不同意的比例分别为 4.7％、0.4％。其中 2—3 岁婴幼儿家长的不同意比例也低于 8％。按照此观念,早期教养指导服务直接的、主要的对象是婴幼儿的父母或其他监护人,而不是托班或早教中心的婴幼儿。因此,如果把 0—3 岁婴幼儿早期教养指导服务供给主体还局限于教育系统尤其是幼儿园,而不把社区纳入其中,就属于思维窄化。

二、证据收集的思维转变

基于证据的学校治理分析的逻辑定位,超越了基于事件、调查数据、网络信息的分析思路,其核心要义是注重事实、系统考量与服务学校改进,这也是证据收集走出误区、提高收集质量的方法论选择。因为逻辑是思维过程的抽象体现,证据收集的过程是逻辑思维应用的过程。从形式逻辑与辩证逻辑的角度考察,证据收集不是简单地了解相关当事人对某个事物或行为的判断是"好"还是"坏",不是仅仅关注当事人对学校改革的态度是赞成还是反对、满意还是不满意。不能把证据收集简单地理解为列举发生过的事件,通过调查获取的数字或网络空间里学生、教师和家长的对话,而应充分认识到证据收集的复杂性,运用辩证思维,把握学生、国家与社会之间利益关系的对立统一,在数字慎用与信息整合中寻求证实。

(一) 突破二元思维

在品质学校治理中做到"心中有数",比以往凭借经验或习惯决策更具有挑战性。挑战性不仅体现在数据的量上,更体现在数据的质上。"质"主要是指数据的有效性和解释力,对学校改进的作用力和影响度。众所周知,我国各级各类学校教育发展取得了举世瞩目的成就,但一些长期积累的深层次矛盾和问题,比如优质教育需求与供给之间的矛盾、学生课业负担过重问题依然突出,而这些矛盾和问题又是受多方面因素影响的,十分复杂。学生课业负担过重既有学校方面的影响因素,又有家庭、社会和文化方面的因素。这是使收集的证据的质量形成高认可度分析并非易事的重要原因。证据收集应基于社会矛盾、价值冲突与多元选择,面对不同主体之间的利益关系,既包括民众与国家之间的关系,也包括民众内部不同群体之间的利益关系。因此证据收集的视野需要拓宽,并基于我国国情,运用辩证逻辑,深刻把握学生、国家与社会之间的利益关系,把家庭、社会等方面的信息纳入证据收集的范畴之中。

教育本质上是培养人的一种社会实践活动。随着现代社会的发展,教育成为一个国家公共服务体系的重要组成部分,具有公共性特征。因而,品质学校治理中证据的收集,不只是站在学生、家长的立场,还需要站在国家的立场。梳理国家理论发展的脉络,无论是行为主义政治哲学理论,如戴维·伊斯顿的一般政治系统理论,强调人的需求及其政治系统的回应,还是不断发展的以吉登斯、诺斯、亨廷顿、查默斯·约翰逊为代表的国家理论,强调市民社会与国家的新型合作关系,关注人的发展权利,都把"人"置于重要地位。"在迅速成长着的新市民社会的推动下,我们将要获得的是一个社会普遍合作的状态,国家与社会、社会自身等,都将被纳入一个合作体系,近代以来个人与社会的对立、市民社会与国家的分立都将成为历史。"①

显然,品质学校治理中产生的信息,其表现尽管各种各样,但都离不开人、国家与社会,因此分析核心应是关注人,尊重学生身心发展规律,把学生快乐发展、健康发展、终身发展的需求摆在突出位置。这些需求不是抽象的需求,而是现实的需求。解决学生学习内驱力不足、城市学生耐力达标率偏低、学生自主制订和执行学习计划能力相对较弱等问题,是当前以促进学生终身发展为指向的教育改革和发展迫切需要重点回应的。并且,在国家日益注重教育治理现代化的背景下,必须把回应学生发展需求置于地方经济社会发展、社区参与之中,通过国家(或中央政府与精英)和社会(或地方政府与民众)的强耦合性的治理结构来实现良好的治理绩效。② 按照这样的思维,证据收集应该遵循 3S,即 See、Survey、Science。See 是 Survey 的基础,而 Science 才是改进的指向(如图 4-1 所示)。学生课业负担过重问题的解

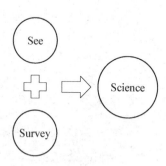

图 4-1 证据收集的 3S

---

① 张康之,张乾友.新市民社会背景下的国家与社会治理——对基于市民社会的国家理论的考察[J].文史哲,2011(1):144—154.

② 黄杰.比较历史视野下的大国治理问题研究:以耦合治理结构与治理绩效的关系为线索[D].上海:复旦大学,2012.

决,除了需要学校教育深化课程教学改革、综合素质评价改革之外,还需要家庭、社会的共同努力,包括引导家长树立正确的成才观,发挥社区在促进青少年儿童健康发展的服务供给改革中的作用,加强对社会补习机构的规范与监管等。教育系统内部的供给改革不可能完全解决学生课业负担过重问题。

案例 4-1 学生课业负担存在一个结构问题

以学生学习为中心,促进学生快乐健康成长,是现代教育的重要理念。但当前,我国基础教育发展中仍然存在学生课业负担过重的问题。《国家中长期教育改革和发展规划纲要(2010—2020 年)》提出建立课业负担监测制度的重要背景也在于此。

自 2004 年以来,上海连续十年对义务教育阶段学生、学生家长和教师开展课业负担调查。在历次调查中,样本覆盖中心城区、近郊区和远郊区,样本数都在 3500 份以上。学生课业负担调查包括客观负担和主观负担两部分。其中,客观课业负担是从学生在校学习时间、完成作业时间、休息时间来衡量,主观课业负担是从对负担的主观感受来衡量。学生完成作业时间是学生客观课业负担的重要指标。

根据对 2004—2014 年十年学生课业负担调查数据的纵向分析,学生完成作业所花费的时间存在一个结构问题。从作业来源看,学生完成作业的时间包括完成教师布置作业的时间、完成家长布置作业的时间、完成家教布置作业的时间三方面。从 2010 年到 2014 五年的调查结果显示:有家教布置作业的学生比例在 22% 至 35% 之间,有家长布置作业的学生比例在 52% 至 59% 之间。根据 2014 年调查结果,有家长布置作业的学生占到抽样学生的 56%,这些学生完成家长布置作业的时间占完成作业时间的 31%;既有家长布置作业,又有家教布置作业的学生占 16%,这些学生完成家长和家教布置作业的时间占完成作业时间的 48%。从花费时间来看,学生完成教师布置作业时间总体上呈现逐年下降态势,但对于有家教布置作业、家长布置作业的学生来说,近五年的调查结果显示他们所花的时间出现先降后升的态势。

调查结果还表明,小学和初中学生在完成作业时间上存在差异。从总体上看,从小学一年级到初中三年级呈现随年级升高而不断增加的态势。究其原因,学生、家长和老师对作业量太多的原因认识存在差异。小学生或家长把家教或家长布置作业太多作为首位原因,初中学生或家长把学校老师布置作业太多作为首位原因。

（二）突破静态思维

与证据密切关联的证实概念，是知识论中的一个核心概念。证据收集聚焦的当事人意见或态度乃至信念，要转化为知识或者说成为证据，必须经历一个证实的过程。这就需要突破静态思维，从动态发生的角度实现证据收集质量的提高。为此，数字慎用的态度是前提，而信息整合是关键。所谓数字慎用，实质是确立谨慎使用数字的态度，认识到数字必须经过转化才能成为证据，通过运用数字来开展论证而非停留在数字描述本身。证据信息转化为对学校治理与改进的有用内容，要经历一个分析过程，而这个过程不是物理意义上的"声音过滤"或"声音传播"过程，而是需要信息加工、交往互动的过程。为此，学校治理中证据的收集，需要心理学的支持、测量统计学的介入，同时需要管理学、伦理学的视野，并在此基础上实现多种声音和影响因素的整合融入。

从信息加工过程来看，证据收集是去粗取精、去伪存真的过程。因为当事人的观念、态度或行为倾向是客观存在的，信息是当事人观念、态度或行为倾向的反映，但不是所有的信息都是有效的或者说都能真实反映观念、态度或行为倾向，都能对学校治理产生支持。这也是测量统计学强调测量调查的信度、效度以及防止用平均数掩盖差异，情报信息学关注信息失真现象、强调信息编码分类和归纳整合，数据科学强调数据粒度、数据钻取和数据挖掘的重要原因。在 20 世纪 60 年代，美国"科尔曼报告"的发布不仅对美国教育决策乃至世界教育发展产生了广泛而深远的影响，而且对教育问题调查研究产生了非常大的影响，成为规范严谨的教育调查的典范。而在当今信息时代，网络舆情成为舆情分析的重要部分，但网络虚假舆情的存在，使得运用传播学方面的理论提高信息甄别意识与处理能力变得十分重要。

从管理过程来看，证据收集是学校领导与管理者、证据收集者、师生乃至家长之间的互动过程。证据收集虽然需要数据统计测算乃至模拟实验，但不等同于只依赖数据统计测算乃至模拟实验，否则会陷入技术主义的误区。与自然科学领域的技术分析、实验分析不同，品质学校治理中的证据收集是在一定制度环境下，不同利益主体之间的观念碰撞、角色互换与行为互动。证据收集的价值立场直接决定了如何认识舆情、处理舆情和引导舆情。而价值立场的"中立"、"客观"，减少收集者个人主观偏好的影响，则需要站在公众、学校领导与管理者的角度来考虑问题，与校长、师生乃至家长保持沟通对话。这也是证据收集者的角色不同于新闻记者之处。同样是关注学校发展中的最新信息,记者总是能够也喜欢找不对或不好的例子。但学校治理与改进需要的是解决问题的方案,因而证据收集者需要全面分析现状与问题,从政府相关职能部门、各领域专家、年级组、教研组、家长委员会等渠道了解多源信息,对学校发展实践中呈现出的各种现象乃至模式进行比较,以寻找各方都可以接受和操作的解决之道。

案例4-2 学校领导力的证据采集:七所学校教师追踪调查

本案例聚焦于学校领导力命题。从学界来看,学校领导力是国内外教育学者探讨的一个理论问题,尤其是随着领导理论和学习科学研究的深入,对该问题的讨论已深入到课程领导、学校与家庭及社区关系的调适等中微观层面。但学校领导力更是一个实践问题,是校长专业发展的必然追求,是学校坚持正确的教育质量观、有效回应来自方方面面的需求、推动学校可持续发展的必然要求。学校领导的核心使命是坚持正确的办学方向,发扬优良办学传统,并通过挖掘师生潜能和借助外部推动因素实现办学行为的创新。学校领导的重要基础是了解、倾听师生及家长的信念、需求、期望、认同、表达、幸福感和满意度。

正因此,在与上外嘉定外国语学校汤雁校长第一次讨论学校领导力研修方式时,便确立了采用实证研究的方式,把寻找采集证据的过程作为研修的过程,把证据采集来源聚焦在教师这一主体,把对来自教师的证据进行追踪比较视为必要行动。

1. 视角选择

从教师的视角透视学校领导力。对于义务教育阶段的学校而言,相较于从学生角度、家长角度透视学校领导力,显然教师角度更能准确反映学校领导力的状况,因为教师对于学校领导实践的理解、认知和判断更为成熟理性。按照现代教育理念,教师是学生成长的引路人,教师是学生家长的回应者和引导者。因此,教师可以也能够作为学校领导力水平的一个透视窗。

2. 路径选择

(1)首要环节是文献研究,汤雁校长领衔的工作室学员在专家的指导下共同收集、阅读和评析文献,包括不同理论视角下的学校领导、国内外学校领导行为评估指标的比较研究、学校领导行为改进的本土经验评析,转型背景下学校管理行为改进的影响因素分析等。

(2)提出学校领导力证据采集的指标框架初稿,并在反复讨论及征求专家意见的基础上,确定指标框架。

(3) 对照指标框架,本着题目简洁、易懂、有效、可测的原则,编制调查问卷,确立内容框架,并进行问卷的试测,回收意见。

(4) 在试测基础上确定正式开展大规模调查,回收数据,整理数据,形成数据库。

(5) 工作室学员在专家指导下,共同分析数据、解读数据,与学校文化建设和改进实践相关联进行分析,寻找问题,提炼影响因素,找到改进空间与方式,制订改进计划。

在上述五个环节中,确立证据采集的内容框架是至关重要的一环。经过多次讨论分析,确立了从价值、战略、关系、活动、环境、评价六个方面透视的框架。

表 4-1 证据采集的内容框架

领域	内容	领域	内容
价值	办学理念	活动	活动类型
	办学目标		活动参与
	教师发展	环境	物理环境
	学生成长		信息环境
战略	章程规划		环境育人
	创新变革		舆论环境
	特色发展	评价	评价主体
关系	外部关系		评价原则
	内部关系		评价内容
			评价形式

根据 2015 年和 2016 年两次针对教师的问卷调查,发现了具有重要意义的证据,主要体现在如下方面:

(1) 教师实际时间分配与时间期望存在一定差异,尤其是对于备课时间、课后辅导时间、批改作业时间的落差。差异数据的背后,意味着什么? 教师是一个个生活在现实、具体环境中的人,让教师在良好的环境中增强其自觉成长的意识和获得自主成长的机会,越来越成为教师成长中颇受关注的主题。各调查学校之间在时间落差上的表现尽管不完全相同,但基本上呈现出每天实际备课时间低于期望备课时间、每天课后辅导实际时间高于期望课后辅导时间、每天批改作业实际时间高于期望批改作业时间、每天其他实际时间高于期望时间等状况。这些状况的存在与学校课程教学改革具有必然的联系,值得关注。

(2)在对学生素质的认知上,教师认为最迫切需要提高的学生素质包括身体健康、思想道德等,而选择提高审美素质、心理品质、创新意识、学会学习等素质的比例相对偏低。从提高学生综合素质的角度来看,教师对于学生素质提高的判断和认知值得进一步关注。

(3)从教师参与学校规划行为来看,教师较多参与的是个人专业发展规划制订、学校调查问卷填写、学校总体规划的建言献策等,而参与项目设计、部门规划、向家长介绍规划的行为比例偏低。但实际上,项目设计、部门规划与教师的距离更近,与教师的工作和生活具有更紧密的联系,因而参与的需求与价值不容忽视。

(4)在教师投入学校创新变革项目的保障方面,教师普遍选择把"有时间"作为最需要的保障。参与调查的学校教师均把"有时间"作为自己参与学校创新项目最需要的保障,选择比例接近70%,远高于有好的合作伙伴、自己能力提升等方面。这在一定程度上说明时间变量是影响学校创新变革的重要变量,意味着保证教师有时间参与创新变革是一项重要且复杂的事情,需要学校努力为教师专业发展提供良好的制度环境,其实也是为学校创新发展留出时间和空间。否则,教师囿于经验和习惯,学校难以有持续的创新能力。

(5)学校内外部关系调适是学校领导的重要职责,也是彰显学校文化内涵的重要领域。主题教育活动、学生自主活动、教师专业活动、特色交流活动、教职工社团、课程展示、课题研究、社区交流活动、家长学校等方面的调查结果显示,尽管学校教师所感知到的活动有效性并不完全相同,但存在的一些现象值得关注,比如认为有效性相对较低的活动包括社区交流、家长沟通等。这从一个侧面反映了现代学校主张的家校社合力育人环境的优化仍存在较大的改进空间。

三、多类型的证据收集

品质学校治理中需要多类型的证据收集,包括统计数据、问卷调查数据、课堂观察数据、学生学习测评数据、权威研究数据,以及文本数据,如学生作品、教师自我报告、政府发布的政策文件等。

(一)统计数据

统计数据是品质学校治理中证据收集的一个不可忽视的类型。在以往观念里,统计数据被视为宏观教育决策的证据，而在学校治理中难以发挥作用。这是一种认识误区，在行动上会制约学校治理及其改进的视野。由于学校治理不同于学校管理，更加关注学校与家庭、社会的关系，因而与家庭、社会状况相关的统计数据便具有了重要意义。在我国，伴随四十年来的改革开放，家庭经济收入的水平提高、对美好生活的需求的提升以及社会组织的发展，都成为学校自主发展的重要环境。如何把握分析学校发展环境的变化？学校所在区域的经济、社会与文化领域的统计数据，能够提供重要线索和信息。

统计数据的权威来源是政府统计局与教育主管部门以及相关政府部门的专项数据。统计数据包括教育事业统计数据，教育经费统计数据，人口与经济、社会、科技发展统计数据等。由于政府部门有规范的统计报表及填写说明，统计数据是按照政府统一规定的表式、统一的指标项目、统一的报送时间，自下而上逐级定期提供的基本统计资料，具有统一性、全面性、周期性、可靠性等特点，因而数据的权威性和可比性都比较强。除了统计报表数据，还有专项统计数据。专项统计数据是对统计报表数据的重要补充或深化，有利于对学校教育的相关因素分析。世界银行、联合国教科文组织、经合组织等国际机构公开的统计数据，可用来分析中国教育在世界上的相对位置，也可以用来比较学校所在区域与世界上其他国家或地区的教育发展状况。

在各类相关统计数据收集的基础上，学校可以建立专门的统计数据库，这是学校系统性利用统计数据的重要保证。统计数据库担负着提供基础资料的功能，可以围绕指标从不同维度生成数据表，也可以根据学校改进和教育科学研究的需要进行数据分析、数据挖掘。在品质学校治理中，学校的图书馆、信息中心、科研室（研究所）都是统计数据收集、分类与整理的依托机构。拥有国际部（境外部）的学校，也应意识到国际部也是国际组织或相关国家统计数据收集整理的依托机构。

（二）测评数据

测评数据是品质学校治理中常用且重要的数据类型。测评数据的价值，与教育质量受到关注相关联。教育质量作为一个国家或地区教育发展的主题，一个重要的衡量指标在于学生学业成就及教师专业发展水平。在全球范围内，PISA 测试、TALIS 之所以得到教育系统内外人员的广泛关注，其背后原因正是对优质教育的追求。上海 2009 年和 2012 年参加 OECD 组织的 PISA 测试，在阅读素养、数学素养和科学素养上均获得第一的优异表现，引发学者、公众和媒体的竞相讨论,对国内学生素质评价研究也产生了巨大影响。上海还借鉴 PISA 理念构建了绿色指标。PISA 结果主要反映学生学业水平,而学生素质评价研究主要了解学生素养水平、发展特征以及影响因素,是衡量基础教育质量的重要维度。教师专业发展能力是提高学生素质的第一资源保证,同时也是教师实现价值追求、获得职业幸福感的必要条件。

测评数据主要来源于学生和教师。学生测评数据主要是指学生参加学科测试的成绩、课堂观察中有关学生学习表现的数据等。与结果性的学科测试成绩不同,课堂观察中的学生学习表现更多反映学习过程与策略。教师测评数据主要指测量教师学科教学知识(PCK)的数据、课堂诊断中有关教师教学表现的数据等。PCK 数据反映教师整合学科知识和教学知识的水平,PCK 自美国斯坦福大学教授舒尔曼(Lee Shulman)提出以后得到广泛传播,已成为衡量教师专业素养的重要内容。课堂诊断中的教师教学表现则反映了教学的风格与策略。

测评数据的获得,有赖于测评工具的开发与使用。学生学科测试主要依托学科考试试卷,教师 PCK 数据主要依托 PCK 工具,课堂观察数据的采集则依托课堂即时信息编码记录工具、课堂视频分析系统。无论是学生的学还是教师的教,随着品质学校发展过程中开放性水平的提升,学生介入大学或科研院所实验室、参与大学研究生或教授指导的拓展性研究项目,以及教师介入大学或科研院所推进的教育科学研究项目,都呈现逐渐增多的趋势。在此背景下,对于学生的学、教师的教,测评的现场必然从学校内部拓展到大学或科研院所的项目现场。

(三) 调查数据

品质学校治理中有些证据不能通过统计数据、测评观察获得,而需要借助抽样调查。开展专门的抽样调查,是学校治理中证据收集的重要方法。随着经济社会转型发展、人们对生活质量的追求,兼顾客观条件和主观感受成为国际上公认的发展观、评价观。从联合国开发计划署(UNDP)1990 年超越人均 GNP 提出人类发展指数 HDI(Human Development Index),到世界银行 1999 年发布世界治理指数 WGI(Worldwide Governance Indicators),再到 OECD 2011 年发布的幸福指数(Better Life Index),在提出人均家庭可支配收入、学生阅读能力指数等客观指标的同时植入生活满意度、自我健康评价等主观指标,均是这一发展观、评价观的体现。这些具有国际影响力和权威性的评价指数，都把教育发展作为重要指标。在此背景下，我们发现学生测评数据并不能涵盖办学绩效的全部内涵，缺失包括家长在内的社会公众对学校发展的主观感受层面的证据。这也是近年来学校日益关注并通过问卷调查获得家长满意度数据的重要缘由。

与常规统计相比，问卷调查的优势在于可以收集态度（如认可度、参与度、满意度），行为（如采取的改革举措、学校办学的行为）等方面的信息。旨在改进学校办学行为的学校治理，既要收集教育发展结果性的信息，如家长满意度，又要收集影响学校发展的政策、实践过程和环境的信息，如家长参与学校管理的程度等；既要广泛收集面上的信息，又要有重点地收集不同利益群体特别关心的点的信息。

调查数据的主要获得途径是问卷调查和座谈、访谈。通过调查收集信息，需要对抽样方法、样本总量和样本分布进行科学设计。按照影响指标的因素特征、人口统计学特点以及抽样学的基本要求进行分层、随机抽样，使每个样本在所在的层或群体中具有充分和广泛的代表性。问卷调查数据主要是量化的数据，而座谈、访谈数据则多是定性的数据，通过深度访谈、半结构化访谈获得倾向性的意见、关键的事件等。在品质教育监测中，上海市教科院普教所不仅研制了学生品德水平、学业水平、身心质质、终身学习素养等方面的测评工具，而且开发了四套调查问卷，调查对象分别为校长、教师、学生、家长。

与常规统计数据基本上由学校、地区教育主管部门逐层上报信息不同，问卷调查可以是学生、教师、教育行政部门人员对调查内容的自我情况报告或是对所在地区学校教育改革和发展情况的知觉感受。同时在调查对象上还可以拓展到社会层面，由用人单位、专家、学生家长组成。比如人才培养相关指标的问卷调查对象就包括社会用人单位、专家、学生及家长等多方面的主体。

（四）研究证据

研究证据，来自于专业研究机构或人员的科学研究结果。随着品质学校治理对问题解决方案需求的增加，研究数据在品质学校治理中的价值开始凸显。这也是学校与大学或科研院所建立合作伙伴关系，学校加强教育科学研究乃至建立专门的科学研究室的重要原因。研究证据可能是定量数据，也可能是定性研判，与统计数据、测评数据和调查数据相比主要是量化数据不同。

品质学校治理中的研究证据主要有三类：规律类证据、趋势类证据、比较类证据。规律类证据是指通过严谨的科学研究，反复验证的普遍性原理，如教育教学规律、学生身心发展规律以及学校发展规律。趋势类证据，主要是基于经济社会和教育发展趋势的分析获得的、有助于学校规划与变革的信息。比较类证据，主要是通过将学校与选定的参照系学校开展比较研究获得的，明晰差距、特色等方面的信息。

趋势类证据与比较类证据都存在着一定的层次：国际、国内、所在区域、学校自身（见表4-2）。层次选择，是根据学校发展基础与定位决定的。上海市控江中学作为上海市首批市级重点中学、上海市首批实验性示范性高中，在趋势类证据中把视野从所在城市拓展到国内其他大都市以及全球。

而比较类研究证据，不仅需要选择层次，而且需要从内容上划分边界。控江中学由于具有自主发展教育的传统[1]，因而在比较类证据中除了选择科技高中等同类学校，而且选择了开展自主发展教育的同类学校。

表4-2　上海市控江中学学校发展规划制定中的研究证据

	趋 势 类 证 据	比 较 类 证 据
国际	国际上精英高中发展趋势（如开设AP课程、个性化学习与评价、与社区融合等）	美国托马斯·杰弗逊科技高中；日本、韩国等国家的科技高中
国内	创新人才早期培养趋势（依托课程链条和科学评价）；现代学校制度（学校与社会、高校乃至高科技企业的深度合作）	全国教改较为活跃的优质高中（北京、浙江、深圳等）

[1] 1979年，在"三个面向"战略方针的指引下，控江中学开始进行教育教学改革实验，培养学生的"自辨、自学、自锻、自理"能力；80年代末，进一步提出"自我评价、自我砥砺、自我调节、自我超越"的要求，逐步形成发掘学生自主潜能、培养学生自主与创新能力的基本思路；90年代，在总结办学传统和教改经验基础上，明确提出"自主发展教育"的办学思想，提倡尊重学生主体地位，发挥学生主体作用，让他们成为教育教学活动主体和自身发展的主人；21世纪初学校持续深化"自主发展教育"，以启迪学生自主意识、培养学生自主能力和创新精神为核心，以学生综合素质可持续发展和教师专业可持续发展为两翼，从而实现人才培养的高规格和优质化，学校办学的实验性和示范性。

续 表

	趋 势 类 证 据	比 较 类 证 据
上海	新高考改革(如分层走班教学、学生辅导与选择),学区化集团化办学(大中小学联盟)	上海其他实验性示范性高中;同类学校的"自主发展教育"路径
学校自身		不同时期的学校"自主发展教育"品牌

第五章

品质学校治理中的证据分析与运用

数据等同于证据吗？品质学校治理中如何确保证据的解释力与效力？这有赖于证据分析方法与方法论的建立，如证据互证、证据—因素关联分析、证据—学校改革关联分析等，以及证据应用机制的建立。

有数据就可以改进了吗？之所以提出这样的问题，是因为实践中存在重学校发展指标及其数据收集统计，轻数据与学校变革关联分析的现象，而这将会制约数据在学校改进中的应用，从而影响数据收集产生的实际效用。收集分析数据的目的是服务于学校改进，如果数据及其统计不能与学校变革关联起来，还只是局限于测量学意义上的指标数据统计，其结果很难在学校变革与改进中产生价值。学校改进真正需要的证据，不是直接获得的关于指标的描述性数字本身，而是数字背后不同利益当事人对学校变革的认知与认同、期待与满意度，不同发展领域表现出的优势与存在的短板。

以家长对学校办学的满意度为例，研制家长满意指标，并通过编制的调查问卷获得家长对学校提供教育公共服务的满意度水平固然重要，但在基于证据的学校治理中，仅仅了解家长对学校满意度处于怎样的水平或者说家长打了多少分是不够的，通过统计掌握不同户籍身份、文化程度、家庭经济背景等人类学特征层面的家长满意度分值及其差异也是不够的。基于证据的学校治理，最重要的是分析哪些因素会影响家长对学校的满意度。只有这样，数据分析结果才能为学校改进提供有用的事实根据。

显然,数据不等于证据。为避免数据噪声、指标陷阱,本章将聚焦于证据分析与运用,这是循证改进的重要一环。循证是学校改进过程中把握方向与动态调适的重要保证。但是,循证不是数据收集完了就结束了,而需要通过数据关联分析、跟踪及结果利用,促进品质学校治理水平的提高。也就是说,一方面需要将指标之间的数据进行整合,实现证据互证,提高证据解释效力;另一方面,需要证据与相关因素、与学校变革的关联分析。在此基础上,注重证据的运用,精准把握和有效解决学校发展需要回应的问题,明晰改进的重点,设计行动的项目。

一、证据互证的方法

基于证据的品质学校治理,核心是提高证据质量。证据质量包括证据收集质量与证据分析质量。如果证据收集质量不高,存在失真、片面或狭隘的缺陷,那么证据分析的方法再科学也无济于事。同样,如果证据分析质量不高,过程与方法简单粗糙,那么收集的证据再有质量,也难以形成科学的结果。证据收集质量与证据分析质量是提高证据质量的两个相互联系、相互支撑的中间环节,是体现循证专业性的环节。

运用证据互证法,是提高证据分析质量的必然要求。收集整合的信息,要成为学校治理可以参考的证据,在上传给学校领导者时往往会经过一个过滤过程,有的在班级或年级内部消化解决,有的放大到学校层面解决;有的在一个学科内部解决,有的提升到更多学科层面解决。在此过程中,需要运用证据互证方法。

(一) 证据维度

只有经过证据互证的证据,才是高质量的证据。按照这一思路,基于证据的学校治理必然需要注重证据整合。那么,学校治理中的证据维度到底有哪些? 这些证据之间如何实现整合? 这不仅是研究讨论证据收集方法时的前提性考虑——证据收集需要先解决收集哪些证据类型的问题,而且是改变当前学校治理中证据类型单一或割裂现状的必然选择。

品质学校治理中的证据不是抽象的,至少包含三个主要维度:一是主体维度,即谁的证据;二是空间维度,即哪里的证据;三是时间维度,即何时的证据。从这三个维度出发,可开展多案例、多空间以及具有时间跨度的证据分析,通过多重比较印证,形成证据链。

选取多案例,旨在从主体层面更为立体地反映学校治理状况。证据,是谁的舆情？这是一个看似简单但却充满复杂性的命题。虞永平教授的《兴趣班究竟是为了谁的"兴趣"》,批判了"兴趣班"的被误导现象,并提出幼儿如何"被兴趣"的建议。其实,在小学和初中教育阶段又何尝不存在如此现象呢？深入分析兴趣班之类的"被兴趣"的现象,发现是对教育主体间性规律的漠视,其实质是提出了从学生健康成长角度寻找证据的命题。当我们同意一个主张或批判一种现象时,我们需要反思:持有的证据是站在谁的立场上？具体而言,这可以从两个方面理解:一方面,品质学校治理中的相关利益主体或当事人是多元的,既需要关注学生,又要关注家长及社区人士,他们之间的立场具有一致性,但也存在矛盾或冲突。因而,在矛盾或冲突的状况下,采用谁的证据就成为一个重要问题。另一方面,从主体间性的角度来看,"主体间性超越了主体性的自我异化,又保留了个人作为主体的根本特征,同时强调主体间的相关性、和谐性和整体性"。① 联系到学校治理中的证据,其启示就在于需要考虑到学生、教师和家长不同群体之间利益的对立统一。在减轻学生过重课业负担案例中,研究者正是从主体间性的角度设计调查内容,不单单分析学生的课业负担结果,还必须分析影响学生课业负担的两个主体因素:一个是教师,一个是家长。这也是在学生课业负担证据收集中,同时设计了学生报告课业负担主客观感受、教师布置作业量、家长布置作业量等内容的原因所在。

选取多空间,旨在立足学校教育发展存在差异的现实,对不同空间分析单元的证据进行印证比较。这里的空间分析单元,包括班级、年级、学校、学区、区域等不同层级。基于证据的品质学校治理不能忽略教育学立场、教育教学与学校发展规律,也不能脱离国情、地情和校情。为什么在学校治理中许多研究结果及其证据难以被采纳？就是因为国情、地情或校情存在较大偏差。以家长满意度调查数据为例,为了实现证据之间的互证,我们可以收集来自上海、苏州、杭州等地学校的家长满意度调查数据,在比较基础上提出一致性的证据。不过,上海、苏州、杭州均属于发达地区,因而这些地区学校的家长满意度分析结果尚不适用于欠发达地区。我国是一个大国,城乡之间、区域之间、校际之间除了在硬件资源配

---

① 冯建军.主体教育理论:从主体性到主体间性[J].华中师范大学学报(人文社会科学版),2006(1):
115—121.

置方面存在差异之外,在内涵发展方面的差异更应引起重视,同时学校所在社区的文化氛围与社会资源、家长对子女教育的期望以及家庭教育方式和行为都存在着差异。这些差异直接决定了家长满意度数据的分析与运用必然是不同的。当然,发达地区学校家长满意度分析的结果对于欠发达地区具有一定的参考意义,因为发达地区往往是率先经历教育改革和发展问题的地区,过去或今天发达地区的学校治理中遇到的问题可能是未来一个时期欠发达地区会碰到的问题。

选取多年度的信息数据,旨在对同一分析单元的纵向数据进行比较,并对其与改革的关联进行分析。当前我国教育正在从传统走向现代,这个过程是教育现代化的过程,在此过程中人民群众对接受优质教育的需求日益增长,教育改革也处于不断深化过程中,因而静态的某一年度数据的意义远不及动态的基于纵向年度数据的比较分析更具参考性。更为重要的是,基于多年度的信息数据,可以实现信息数据与学校发展的关联分析。也只有关联分析获得的证据,才更适合应用于未来的改进中,发挥出证据的效用。

(二) 证据链

证据互证分析方法的运用,旨在形成有效的证据链。证据链的结构是多样的,包括不同层级之间互证形成的证据链,也包括不同领域之间互证形成的证据链,以及不同地域之间互证形成的证据链。以家校互动研究项目为例,项目组首先对一个城市基础教育学校的家长满意度进行调查分析,发现家长参与学校管理满意度与家长对基础教育总体满意度呈显著相关($P<0.01$);家长对参与学校管理满意度越高,家长对学校办学的总体满意度也越高,两者呈正相关。随后,项目组又在相邻的两个城市开展了基础教育学校的家长满意度分析,发现上述结论同样适用,这也就从更大地域范围内形成了相互印证的证据链。

同样,在针对义务教育阶段的学生课业负担问题的分析中,研究者发现两个城市义务教育阶段的学生作业时间均存在一个结构问题。从学生作业时间来看,小学生、初中生放学后完成教师布置作业时间,基本符合规定的家庭作业时间。但若考虑到学生完成家教布置作业时间、家长布置作业时间两个指标,就会发现学生作业时间问题值得关注。

同时,分析发现,学生自身学业水平、课程教材、考核评价、家庭社会四个因素均对学生课业负担产生影响。其中,学生感知的课业负担与学生家庭因素具有相关性,主要包括母亲学历、父亲学历和校外补习情况,其相关系数分别为0.105、0.115、0.123,均大于0.1,为正相关关系,强度为弱相关(如表5-1所示)。为进一步印证上述分析结果,该研究通过第三个城市开展的初中学生课业负担及家长满意度调查分析,进一步印证了前述的学生作业状况调查结果。

表5-1　学生感知的课业负担与学生家庭因素的相关性分析

		负担感觉	是否择校	家长职业	母亲学历	父亲学历	是否校外补习
负担感觉	Pearson 相关性 显著性(双侧) N	1 5467	−0.007 0.628 5467	−0.061 ** 0.000 5467	0.105 ** 0.000 5467	0.115 ** 0.000 5467	0.123 ** 0.000 5467
是否择校	Pearson 相关性 显著性(双侧) N	−0.007 0.628 5467	1 5467	−0.020 0.138 5467	0.028 * 0.036 5467	0.043 ** 0.001 5467	−0.064 ** 0.000 5467
家长职业	Pearson 相关性 显著性(双侧) N	−0.061 ** 0.000 5467	−0.020 0.138 5467	1 5467	−0.380 ** 0.000 5467	−0.388 ** 0.000 5467	0.027 * 0.049 5467
母亲学历	Pearson 相关性 显著性(双侧) N	0.105 ** 0.000 5467	0.028 * 0.036 5467	−0.380 ** 0.000 5467	1 5467	0.726 ** 0.000 5467	0.002 0.878 5467
父亲学历	Pearson 相关性 显著性(双侧) N	0.115 ** 0.000 5467	0.043 ** 0.001 5467	−0.388 ** 0.000 5467	0.726 ** 0.000 5467	1 5467	−0.002 0.892 5467
是否校外补习	Pearson 相关性 显著性(双侧) N	0.123 ** 0.000 5467	−0.064 ** 0.000 5467	0.027 * 0.049 5467	0.002 0.878 5467	−0.002 0.892 5467	1 5467

** :在0.01水平(双侧)上显著相关。

* :在0.05水平(双侧)上显著相关。

因此,在品质学校治理中,只有完成教师布置作业的时间、完成家长布置作业的时间、完成家教老师布置作业的时间都减少,才能真正减少学生完成作业的时间。如果只是教师减少作业量,而家长不减少甚至增加作业量的话,仍无助于减轻学生因为完成作业而产生的负担。科学优化作业布置需关注作业结构,这不仅是学校的事,也是家庭的事。在深化课程教学改革的同时,需要引导家长树立正确的质量观,关注孩子良好的学习习惯和学习兴趣的培养,尤其是小学阶段,关注并提高孩子做作业的效率,不要给孩子盲目布置过多作业,忽视了作业完成质量及其对学生健康成长的意义。同时,学校优化布置作业类型和评价方式,促进学生快乐学习,对于减负也颇为重要。当然,减负也有赖于招生考试评价改革的深入推进。

二、证据—因素关联分析

随着教育改革的深化以及改革过程中教育内外部多重因素的影响,证据与因素的关联分析成为必然要求,并制约证据的效能发挥。根据还原学校发展实际的变量特点,证据—因素关联分析包括证据—教育因素关联分析、证据—经济社会因素关联分析以及其他等类型。教育因素,主要是与学生、教师、课程等方面的因素,比如班级规模、生师比、教师学历、接受培训教师比例等。而经济社会因素,包括学生家庭背景、学校所在社区的资源和氛围、经济、人口、信息化程度等。从本质上讲,证据—因素关联分析不是结论的关联,而是影响因素的关联。学校发展过程中有复杂的相关关系与因果关系,经验判断有其价值作用,但也具有局限性,因此更需要借助定量数据的统计分析,找出影响的关键因素,对关键因素的主次做出判断。

在新时代,人们对于教育质量给予了越来越多的关注,尤其是指向学生学习与发展的领域。从对上海基础教育政策文件的分析来看,减轻学生课业负担、促进学生体质健康、开展快乐活动日、提升学校课程领导力、实施绿色指标评价等高频词的出现,表明教育发展的重心已经转向教育质量。在反映上海基础教育质量的证据上,PISA 是一个典型。在 2009 年和 2012 年,上海学生两次参加 PISA 测试,在阅读、数学和科学素养上的成绩都是第一,但家长对孩子素质的满意度依然较低,这是为什么?

PISA 主要测试的是阅读、数学和科学素养,而对于身体素质、心理素质并不能有效反映。通过横向比较 2009 年和 2012 年家长对学生各项素质的满意度,发现其对身体素质、心理素质的满意度低于对人文与科学素质、思想道德素质的满意度。2009 年家长对于人文与科学素质、思想道德素质、身体素质、心理素质感到满意或比较满意的比例分别为 72.2%、

67.5％、53.0％、52.3％,2012 年的比例分别为 65.1％、68.6％、55.5％、54.4％,均呈递减趋势。

在各项素质中,家长对孩子身体素质满意度较低的状况值得关注。为促进学生身体健康,《上海市中长期教育改革和发展规划纲要(2010—2020 年)》提出了学生健康促进工程。从 2012 年上海市中小学实施《国家学生体质健康标准》情况的公告来看,自实施以来,上海学生体质健康综合评价达标率连续五年有所提高,各区县中小学生体质健康综合评价优良率范围在 54.2％～75.3％,其中有 13 个区县的优良率高于上海市平均水平。但仍然存在一些问题,比如中小学生肥胖率上升趋势虽得到遏制,但仍处于高位;各学段身体素质发展不平衡,其中小学学段耐力素质及高中学段速度、灵巧素质都有不同程度的下降。而与全国相比,上海学生体质健康的优良率并不高。

2013 年上海市中小学生家长满意度调查结果显示,家长对子女的身体素质满意度方差 $F=41.944$, $P=0.000<0.01$;锻炼习惯满意度方差 $F=80.758$, $P=0.000<0.01$。

表 5-2　学生家长对子女身体素质、锻炼习惯的满意度

学段	统计指标	身体素质的满意度	锻炼习惯的满意度
小学	均值	4.02	3.89
	标准差	0.821	0.877
初中	均值	3.95	3.72
	标准差	0.832	0.950
普通高中	均值	3.73	3.56
	标准差	0.831	0.931
总计	均值	3.97	3.82
	标准差	0.831	0.924

因此,一方面,在关注体质水平基础上更加关注学生对体育的认知、兴趣和锻炼习惯;另一方面,在发挥学校作用基础上更加关注家庭和社会因素在学生体质健康中的作用。为此,上海有必要研究设计与教育现代化相适应、国际化大都市相匹配的学生体质健康监测指标,开展同国际上其他大城市的监测比较,多方面收集数据信息,并与学校教育改革、家庭和社会支持机制关联分析。

正是基于上述思考,综合国际上促进学生体质健康的政策趋势和相关研究成果,上海市教科院普教所提出从学校教育、家庭教育和社区氛围三个方面来分析评估学生体质健康影响因素。

表5-3 学生体质健康影响因素评估指标

一级指标	二级指标	序号	三级指标
学校教育	体育保健课程	01	学校体育课程
		02	青春期教育
		03	保健教育
	课外体锻活动	04	晨练
		05	课间活动
		06	体育社团活动
	体育设施设备	07	课程配套设施
		08	课外健身设施
		09	教室灯光设施
	饮食环境卫生	10	学生午餐质量
		11	学生饮水卫生
	学生课业负担	12	学科测验频度
		13	日课后作业量
家庭教育	生活方式	14	饮食习惯
		15	作息习惯
		16	课业辅导
	家庭健身	17	健身时间
		18	体锻方式
		19	爱好项目
社区氛围	公共设施	20	城市公共场馆
		21	社区场地
		22	小区设施

一级指标	二级指标	序号	三级指标
		23	民间赛事
	社会导向	24	社区活动
		25	舆论导向

三、证据—学校改革关联分析

品质学校治理中的循证,不能忽视学校类别属性。从总体上看,学校类别数据通常区分为小学和初中、市区或郊区、公办与民办等。但这种区分还是静态的,无法反映学校变革所发生的动态变化。也正是基于这种缺失,我们对上海推进的新优质项目学校进行了数据收集与分析。

学校是基础教育公共服务提供的主要机构,学校变革与发展是改进基础教育公共服务的关键路径。学校变革固然需要通过外部力量介入来推进,但关键是内部的生长,即遵循教育规律,以学生学习为中心,改进教与学,提供适合学生发展的教育。2011 年上海成立"新优质学校推进"项目组,以"办好每一所家门口的学校"为目标,积极回应社会对义务教育优质教育资源的诉求,保障普通学校改革发展的权益。2011 年在上海市范围内"选出"的 43 所新优质学校,原本都是名不见经传的普通学校,但这些学校在长期办学实践中提炼出符合实际的办学新理念,经过持续不断的改革,取得了显著的办学成效,其经验在上海基础教育均衡发展和教育转型中具有积极的示范作用,代表着上海基础教育学校改革的方向。

那么,"新优质学校"的家长满意度如何呢? 根据 2012 年家长满意度调查数据,"新优质学校"家长除了在招生办法、择校风气两个指标上的满意度低于非"新优质学校"家长,其余指标满意度均高于非"新优质学校"。按照高出分值的大小排列,前五位指标分别是减轻课业负担、治理教育乱收费、教育行风、招收外来务工人员随迁子女和校际均衡。"新优质学校"家长对招生办法、择校风气两个指标的满意度之所以低于非"新优质学校",这与"新优质学校"的"不挑生源"价值取向有关。同时值得注意的是,"新优质学校"家长同其他学校家长一样,对孩子素质、减轻课业负担的满意度是最低的,这无疑说明孩子素质、减轻课业负担是当前基础教育发展中家长普遍关心的问题。

表5-4 "新优质学校"家长的基础教育满意度

维　度	核 心 指 标	满意度均值	
		"新优质学校"家长	高于非"新优质学校"家长的值
资源配置	校舍设施设备	>4	0.11
	资助贫困学生		0.08
	治理教育乱收费		0.19
	学校场馆对社会开放		0.10
教育机会	招生办法	<4	−0.05
	择校风气		−0.13
	招收外来务工人员随迁子女		0.13
服务过程	教师教育教学能力	>4	0.08
	教师上课受到孩子喜爱		0.06
	学校管理水平		0.10
	校园安全		0.10
服务结果	孩子素质	<4	0.03
	减轻课业负担		0.22
	校际均衡		0.13
	教育行风	>4	0.14

　　同时,选择因素对家长满意度的影响不只体现在择校或选择家教方面,还包括学校课程或兴趣小组活动选择性等其他方面。"新优质学校"的重要特征是不挑生源,但注重为学生提供丰富体验。2012年的调查结果显示,"新优质学校"家长的总体满意度高于非"新优质学校"。如何解释这样的结果? 根据研究者在部分"新优质学校"的实地调查,结果发现学校为学生提供多样化的可选择的活动是积极促成因素。"新优质学校"徐汇区教师进修学院附属中学认为以"课程关照每一个孩子的心灵成长,就是要营造开放、主动、可选择的教育环境,让学生从兴趣需求出发,自主地选择、安排自己的课程结构,形成适合自己发展

的课程组合"。① 以"新优质学校"松江区泗泾第二小学为例,学校为学生提供了多样化的可选择的活动,"读书节、科技节、艺术节、体育节、数学节,还有各种社会活动表演。一学年里泗泾二小的孩子们总有活动可以参加,每个孩子都有一个展示的舞台"。②

表5-5 "新优质学校"与非"新优质学校"在重要满意度指标上的比较

		平方和	均方	F	显著性
学业负担*是否新优质学校	组间	55.491	55.491	41.999	0.000
教学过程*是否新优质学校	组间	3.046	3.046	5.612	0.018
孩子素质*是否新优质学校	组间	0.723	0.723	0.934	0.334
学校均衡*是否新优质学校	组间	15.818	15.818	13.642	0.000
外来子女*是否新优质学校	组间	17.591	17.591	16.947	0.000
参与管理*是否新优质学校	组间	5.586	5.586	7.731	0.005

减负增效是政府和家长对每一所学校的期待,更是"新优质学校"回归教育本原、尊重学生身心发展规律、促进学生健康持续发展的追求。鼓励和支持"新优质学校"秉持办好家门口的好学校的价值取向,有效执行深入推进素质教育、减轻学生课业负担的相关规定,在教育机会公平、学习过程更快乐、学生发展评价更科学等方面积极探索和有所作为,发挥示范作用。

上海"新优质学校"家长满意度高于其他学校和总体平均水平证明了学校改革的必要性,为践行基础教育公共服务改进中关注每一个学生、办好每一所学校这一目标提供了范例。"新优质学校"项目的意义在于从关注外在推动转到关注学生自身。根据对相关文献的分析,上海正在推进的"新优质学校"项目不再把学业成绩、分数排名作为衡量学校优质与否的唯一标准,取而代之的是回归教育的原点——真正关注人的发展,关注如何让教育过程更丰富、师生关系更和谐、多样化学习需求得到充分满足,这是对人作为生命个体的重

① 家门口好学校:多元课程　多样学习　多彩学生——徐教院附中举行"新优质学校项目"现场展示活动[EB/OL].[2012-03-07].http://www.xhedu.sh.cn/cms/data/html/doc/2012-03/07/282511/.

② 马丹.让孩子每天进步多一点.新民晚报[N].2014-6-25.

新打量和深度审视。面对教育内涵发展新需求,各级政府为办好每一所学校提供良好的评估制度环境变得越来越重要,完善学校发展性评估机制是学校改进的重要保障。

四、证据应用的机制

证据应用于学校治理,是证据价值的体现。但有质量的证据并不能自然而然地发挥应用价值,需要通过嵌入机制的建立,促使证据应用。在社会科学中,卡尔·波兰尼最早使用嵌入的概念,后来马克·格兰诺维特利用嵌入性概念对经济活动和社会的关系进行了系统解释,说明了经济行动与社会结构之间的密切关系。对于证据与学校治理的关系,借鉴嵌入性概念,其内在要求是具有稳定的制度化特征。促使证据应用的嵌入机制除了学校治理过程中必须包含对已有规划或制度进行分析评估、使证据在学校自我评估报告中运用之外,还需要建立并完善证据回应机制、证据传达机制、预警机制和引领机制等。

一是证据回应机制。回应是政治哲学理论、公共治理理论中的重要概念。在我国,无论是一所学校,还是一个地区或者全国层面,面对公众关心的教育舆情,建立健全证据回应机制,不仅是以学习者为中心的内在要求,也有助于积极引导不同利益主体需求向积极的方向发展。建立健全证据回应机制,就是要在学校发展理念落实的制度中,充分利用证据,向社会传递积极明确的信息,引导师生乃至家长、社会树立正确的教育质量观,营造社会支持学校改进的制度环境。

二是证据传达机制。近年来,教代会提案、调研报告、群众信访等成为学校领导者获取学校发展意见的重要渠道和机制。但这些渠道中的信息或者证据,具有零散性的特点,对学校发展与改进的影响比较分散,存在信息衰减乃至信息冲突的缺陷。如果不同主体的声音、不同机构或部门的信息证据能够在一个平台和制度上实现对话,形成共识,那对于提高规划或计划的执行效果将是有益的。表5-6是上海市黄浦区思南路幼儿园围绕幼儿驱动问题解决,促使教师基于证据对话而实现行动改进的基本思路。证据对话的结果,既表现为行动改进,同时也表现为一个活力型协同研究小组的产生及其运行机制的成熟。

表 5-6　指向幼儿驱动问题解决的教师基于证据对话一览表

研究主题	证据获得	对话内容	行动改进
教师对幼儿驱动问题解决的观念与认识		● 问题由谁发起？ ● 教师眼中的问题是否等同于幼儿的问题？ ● 寻找案例，比较来自幼儿与教师的问题的差异。	转变教师对问题的固化思维，将研究聚焦于幼儿驱动，关注幼儿发起并用一定形式表达出来的问题。
幼儿问题的分类		● 孩子的问题可以从哪些角度观察？ ● 如何分析幼儿的问题？	教师对问题的认识更清晰，并逐步关注幼儿对不同问题解决的行为。
幼儿表达问题的形式		● 各个幼儿倾向于用什么方式表达问题？ ● 不同年龄的幼儿表达问题的方式有什么变化趋势？	教师基于幼儿的年龄差异，通过环境创设和活动设计，激发幼儿主动提问的行为。
一日活动中幼儿的提问调查	● 收集到中班幼儿指向生活方面的提问 134 个，指向社会性交往的提问 104 个，午餐环节的提问最多，占 36.8%。 ● 收集到大班幼儿指向认知方面的提问 208 个，指向社会性发展的提问 196 个，自由活动环节的提问最多，占 23%。 ● 中班幼儿最常用的提问方式是"是什么"、"怎么办"；大班幼儿最常用的是"为什么"。	● 不同年龄的幼儿提问的情境有什么差异？ ● 收集案例，分析幼儿的提问水平。 ● 分析幼儿提问的内容指向。	教师开展相应的活动设计，鼓励幼儿在一日活动的各个环节大胆提问。

研究主题	证据获得	对话内容	行动改进
幼儿驱动问题解决的故事收集与分析	● 收集关于幼儿驱动问题解决的小故事246个； ● 反映幼儿驱动问题解决过程的照片15组； ● 与幼儿问题解决相关的对话27个； ● 归纳形成2种幼儿驱动问题解决的小组活动实施模式。	● 剖析有利于幼儿提出问题的环境设计策略。 ● 幼儿如何对问题达成共识？ ● 分析幼儿问题解决所运用的方法。	教师转变对"幼儿驱动"的理解，教师的作用更退后，支持幼儿主动和自发的问题解决。

三是预警机制。根据收集分析的证据提出学校发展的预警，为学校改进提供参考依据。证据预警，主要是对师生员工广泛关注的重要内容进行监测预警，避免问题扩大化，致使学校改革进程受阻或家长满意度下降。预警的基本步骤如下：首先是定义问题。问题定义，即根据问题发生对学校改革和发展推进的影响程度、严重程度或紧迫程度，确定预警问题及其临界值（阈值）。其次是选择预警指标。预警指标的选择需要基于学校发展的实际，需要把握两个要点：一是把民生指标作为预警指标。民生指标是指与学生接受教育基本权利、家长广泛关注的问题相关的指标。比如，校园安全、随迁子女平等接受教育、学生课业负担等指标。二是不同学校的预警指标集必然有所不同。这是基于每所学校改革和发展的基础、重点和环境不同，因而有必要按照学校实际实施针对性的重点监测。第三步是判别预警级别。预警方法开发的重点是保证应用的方便性和科学性。判别预警级别，是预警方法开发的重点。预警级别设为轻警、中警、重警三个级别。预警级别判别采用定量信息与定性信息相结合的方法，信息来源的主要渠道是抽象调查结构分析、案例分析及其相关联因素的分析。

四是引领机制。即学校需要积极引领某些领域的发展，而不能只是被动满足。为此，明确回应与引领的责任主体是关键。强化学校针对问题的反应能力，明晰学校相关部门的责任，并以此为契机，明确责任主体，使权力下放和责任制度建设得以同步推进。而实化证据引领与改进机制是落脚点。同时，证据的引领，需要充分利用信息技术，通过多种形式，全面深入宣传推进学校改革的意义和主要内容，为学校改革和发展营造良好的舆论氛围。

表5-7从一个侧面印证了证据在引领家长上的作用。上海市思南路幼儿园在循证改

进中重新定义了教师与家长的"合作伙伴"关系,让"思优"课程理念不只是通过简单的宣传与讲座让家长接受,还引导家长通过对幼儿行为观察记录的亲身参与,学会更为合理和科学地看待自己的孩子。经过实践,家长对幼儿发展评价的价值观逐渐转变,家长与教师的对话内容也逐渐发生变化,从关注对孩子生活照料、某一学科领域能力的发展,转变为关注孩子的情绪状态、交往能力、表达表现。另外,将证据定期向家长乃至社会及时发布,加大信息公开,主动通报学校教育改革和发展进展,大力宣传家长满意度高的方面和学校的改革经验,有助于让社会了解、参与和支持学校的改革,并通过社会舆论监督促进学校加快改革和发展的步伐。

表 5 - 7　家长与教师交流话题对比表①

以前家长关注	现在家长关注
孩子今天吃得好吗? 孩子今天睡得好吗? 今天上了什么课? 今天拼音学了吗? 孩子的算术学得怎样? ……	孩子今天在幼儿园参加了什么活动? 和其他孩子的交往情况怎么样? 孩子和好朋友有什么开心的事? ……

---

① 本表来自于上海市黄浦区思南路幼儿园,他们把幼儿活动的观察记录主体从教师拓展到家长,并发挥观察记录证据的作用,实现了让证据说话,发挥证据对家长观念转变与引领的目的。

第六章

品质学校治理的评估

衡量学校治理的品质,就是只关注学生学习成就及当事人满意度吗,学校组织本身的可持续发展与核心能力是否属于品质学校治理评估的第三维度? 同时,如何超越指标体系构建,把制度建设纳入品质学校治理评估? 这是本章要回答的两个基本问题。

一、品质学校治理评估的理念

(一) 以学生发展为中心的评估

促进每一个学生的学习,是品质学校发展的根本目的,也是品质学校治理评估的首要理念。衡量品质学校治理能力最根本的标准在于学生是否获得真正健康且全面发展。从全球视野来看,以学习为中心正成为学校发展的潮流指向,有效学校运动、学校改进运动、特许学校、磁石学校、理解性教学的学校都把学习作为学校治理的中心;从我国基础教育改革和发展任务来看,关注每一个学生发展,提高学生学习品质,满足人民群众对优质教育的需求,是发展素质教育、实施素质教育的重要衡量标准。

为此,品质学校治理评估的重心不在于对学校工作事务的梳理,而在于关注这些事务与学校设定的培养目标的相关程度。具体而言,以学生发展为中心的评估,主要包括三个层面：

第一，绿色理念下的学生发展评估。参照教育部和上海市正在推行的学业质量绿色指标体系，侧重于从学生学习兴趣、师生关系、学习动力、学习负担等维度对学生发展情况进行评估，借此分析影响学生发展的重要因子。

第二，个性化视野下的学生发展评估。借助深度访谈，帮助学校厘清和细化学校规划蕴含的学生发展指向，并把学生视为主体，淡化分层评价，转向分类评价，把评价的焦点移向学校是否为每个学生潜能和兴趣的发掘提供机会、平台与环境。个性化视野的背后是深层次的学校教育公平，是品质学校治理的内在追求。

第三，面向未来的学生发展评估。在以促进学生学习为中心的评估中，不仅关注学生当下的学习结果与状态，而且关注学生未来适应社会的素养准备。国家对未来公民的核心价值观以及学界探讨的未来学生核心素养，其背后的理解均指向于未来社会中的公民。为此，在品质学校治理评估中，需要把理念转化为测评工具，对学校学生进行测评，并判断学校是否为学生未来做好准备，进而引导学校进一步的变革与创新。

（二）基于理解与实证的发展性评估

品质学校治理评估不是用一把尺子去衡量所有学校，而是需要关注学校个性和动态发展性。因此，评估需要将第四代评估理念和实证评估方法有机结合起来，对学校开展基于理解与实证的发展性评估。

第一，深度理解。学校以及校外人员同为学校评估的主体。学校呈现对已有工作的开展情况、实施成效的自我评估。校外人员研究与分析学校自我评估结果，采用半开放结构访谈，与学校管理团队进行深度会谈，从中挖掘学校价值追求点与重要利益点。然后，将其转化为可评估的证据收集工具，如调查问卷、访谈、观察等。

第二，发展取向。在设计评估框架设计，选择数据收集与分析方法时，充分依据基于学校深度理解的学校个性发展设想，对其发展进行重点评估。同时，为每个学校建立参考坐标系，为学校描绘"最近发展区"及其主要成就指标。

第三，实证方法。从两个方面确保评估数据的真实性和判断的客观性：首先，就核心议题对相关当事人进行调研，通过交互验证探寻事实原貌。其次，采用信度、效度较高的已有问卷和自编问卷进行数据采集，并运用 SPSS 软件，进行相关、回归与多层线性分析等。

二、指标构建：从双元模型到三维体系

（一）双元模型

1. 学生发展取向下的治理效果评估

以学生发展为本，坚持学生发展取向，不仅是学校作为培养人的公共服务提供机构的应有追求，也是新时期学校教育回归本原的现实需要。科学把握以学生发展为本的内涵，是建构教育效果评估模型的关键。

图 6-1 学校发展品质评价的双元模型

以学生发展为本，具有丰富的内涵。在传统学校教育中，学生被视为可以标准化生产的产品；而现代学校则把学生视为具有潜能的个体，为每一个学生提供服务，促进每一个学生全面而有个性的发展。21世纪以来，我国逐步深入推进的新课改，其核心理念就是以学生发展为本，提供适合每个学生发展的教育。

根据这样的价值取向，品质学校治理效果的衡量就不能单纯看学生的考试成绩，还要看学生在客观学业和主观体验上是否获得成功；同时，教育效果的评估不能单纯看一部分学生的发展，而是着眼于每一个学生的发展。这是学校的使命，也是教育平等原则在学校教育质量评估中的体现。1996年，美国州首席教育官员理事会下属的州际学校领导认证协会发布了《学校领导标准》，明确学校领导者就是促使所有学生成功的教育领导者。从美国《不让一个孩子掉队法案》的实施到2010年奥巴马政府出台的《改革蓝图：重新修订初等和中等教育法》，美国政府一直关注处境不利儿童的学业表现，并根据学业表现改进状况的评估结果，予以问责和奖励。因此，在品质学校治理评估的框架下，以学生发展为中心，意味着既包括学业成就、身心健康等方面，也包括创新素养、学习素养等方面。

2. 公众满意取向下的评估

新公共服务理论的一个重要观点是服务于公民而非服务于顾客，这也是新公共服务理论区别于新公共管理理论的根本所在。就教育公共服务而言，它具有多元化的特征，体现在委托人的多元及其服务需求的多元。就公共学校来说，办学不仅要尊重教育规律，促进

学生素质发展,而且要让学生和家长满意,让处于教学过程中的教师满意,以及让社会满意。

把满意度作为学校教育效果评估的重要维度,体现的是一种服务的理念。满意度一词最早来源于企业界的"顾客"满意。一些国家或地区开发和提出的顾客满意度指数模型,如SCSB(瑞典全国性顾客满意度指数)、ACSI(美国顾客满意度指数)和ECSI(欧洲顾客满意度指数)等,都是为了进行满意度评估,把满意度量化。但学校与企业不同,学校教育效果的满意度评估,追求的不仅仅是效率、效益,还包括效能。在推进教育公共服务均等化背景下,学校教育服务的效果,应该凸显公共性,让服务接受者满意,而不是让少数学生及其家长满意。对于教育公共服务提供的机构——学校而言,"服务接受者"比"顾客"概念更为确切。因为一般意义上的顾客是支付费用并接受服务的人或团体,而教育公共服务领域尤其是义务教育的服务接受者和服务购买者常常是分离的。因而,这里采用"服务接受者"的概念。

从美国教育质量奖评奖标准的不断修订来看,根据对1999年至2006年间学校绩效结果项目及其分值的变化的比较,发现"培养学生是学校的中心任务,学生的学习结果依然是学校最重要的绩效,但教育服务的结果对于学生和相关受益者的满意度、忠诚度和长期的组织成功等的重要性在增强"。[①]

表6-1 美国教育质量奖评奖标准及分值分布(2006年版)[②]

序号	类别	项目	领域	分值		权重
1	领导	高层领导	远景和价值观	70	120	12%
			沟通和组织绩效			
		管理和社会责任	组织管理	50		
			法律和道德行为			
			对主要社会团体的支持			

① 齐昌政.美国学校质量管理观的变化——以"美国国家教育质量奖"为例[J].外国教育研究,2007 (6):53—57.

② 齐昌政.美国学校质量管理观的变化——以"美国国家教育质量奖"为例[J].外国教育研究,2007 (6):53—57.

续　表

序号	类别	项目	领域	分值		权重
2	战略规划	战略发展	战略发展过程	40	85	8.5%
			战略目标			
		学校战略部署	行动计划部署	45		
			绩效规划			
3	学生、相关者和市场中心	学生、相关者和市场知识	学生、相关者和市场知识	40	85	8.5%
		学生、相关者和满意度	与学生、相关者建立关系	45		
			学生及相关者满意度测定			
4	测量、分析和知识管理	组织绩效的测量、分析和回顾	绩效测量	45	90	9%
			绩效分析和回顾			
		信息和知识管理	数据和信息的可用性	45		
			组织知识管理			
			数据、信息和知识的质量			
5	教师和员工中心	工作系统	工作过程组织和管理	35	85	8.5%
			教职工绩效管理系统			
			教师聘用和专业发展			
		员工的学习和动机	教职工教育培训和发展	25		
			激发动机和专业发展			
		员工的福利及其满意度	工作环境	25		
			对教职工的支持和其满意度			
6	过程管理	学习中心的过程		45	85	8.5%
		支持过程和操作规划	对学习中心的支持过程	40		
			财政资源、突发事件操作规划			
7	学校绩效结果	学生学习结果		100	450	45%
		学生与相关者关注的结果		70		
		预算、财务和市场结果		70		

续　表

序号	类别	项目	领域	分值	权重
		员工结果		70	
		学校组织有效性结果		70	
		领导和社会责任结果		70	
总分				1000	100%

当然,由于公众的文化观念不同、立场不同,因而往往对教育效果抱有的期望存在差异,从而影响教育效果评估标准的选择。学生家长是最典型的一个公众群体。学历程度、经济收入不同的家长,在评估学校办学满意度方面往往存在较大的差异,这也使得对学校教育效果的评估变得有些困难。

家长满意度本质上是一种主观感受。在基础教育阶段,学生家长在学生入学、学习生活、升学选择等方面发挥着重要角色,包括 PISA 在内的许多实证研究也表明父母在学生学习中起着重要作用。因而,家长是基础教育公共服务的接受对象之一,家长满意度是教育服务改进的重要证据之一。按照"输入—过程—结果"的满意度测评框架,经过高频指标筛选、指标独立性分析,本着指标简洁、解释力强和数据可获得的原则,确定如下核心指标。

背景维度:

1. 学校特征。

2. 人口学特征。

3. 家庭经济社会背景。

资源配置维度:

4. 办学条件:校舍,设施设备,班级规模,信息技术配置水平,安全饮食。

5. 师资队伍:师资数量充足度,专任教师学历水平,班主任班级管理经验。

6. 教育投入:保障办学经费,规范收费,资助家庭经济困难学生。

7. 资源开发:学校与社区资源共享,利用社会教育资源,引进优质资源。

教育机会维度:

8. 入学机会:就近入学比例,招收随迁子女情况。

9. 课程学习机会:课程选择性,对处境不利学生的支援,学生参与社团活动,学生参与社区活动。

10. 参与管理评价：参与学校管理机会，参与学校评价机会，维护教育权利机会。

服务过程维度：

11. 师资队伍建设：师德，教师专业能力，师生关系。

12. 课程教学改革：课程计划，教学方式转变，学习评价。

13. 学校管理：学校规范办学，学校文化建设，保障校园安全。

服务结果维度：

14. 学生综合素质：身心健康，思想品德，学业成就，终身学习素养。

15. 学校减轻课业负担：减负政策执行，学生课业负担，作业布置。

16. 学校办学特色。

17. 学校信赖程度。

18. 学校总体满意度。

上述学生发展和公众满意取向，并非是彼此分离、毫无关联的。在社会转型背景下，尽管仅仅依靠学校内部的课程教学改进来提高教育质量，并不一定意味着公众能对学校办学具有较高的满意度，但促进学生发展是提高公众满意度的基础，没有学生的素质发展，谈不上公众满意度。仅仅迎合家长功利性需求的学校教育，其绩效评估结果不能高也不会高。

（二）三维体系

1. 学校可持续发展与核心能力维度的提出

前述的学生发展和公众满意取向，是学校治理评估的两个重要方面。但这是否就能够完整评估品质学校治理呢？从过程视角来看，过程比结果更有价值，品质学校治理评估不能缺失学校可持续发展与核心能力的维度。过程视角下的品质学校，强调学校发展是一个动态的过程，强调课程、教学、师资与管理等因素的作用，关注学校发展的核心能力而非单纯的影响力。

如果说学校发展的影响力，表现在对学生及其家长的影响上，如前文所述的学生学习能力与综合素质、家长对学校的满意度等，那么，学校发展的核心能力则体现在学校自身发展的可持续性上。有影响力的学校并非称得上是品质学校。判定品质学校的另一个维度则是学校的可持续发展与核心能力，这属于组织内在的指标，不易外显。

学校可持续发展的理论基础包括组织生命周期理论、第二曲线理论、学习型组织、知识管理、核心竞争理论等。根据这些理论,组织的发展会经历具有若干阶段的连续过程。学校从建校初期到成为品质学校,同样会呈现出阶段性的特征。因此,品质学校发展的重要基础是连续性地开展学校诊断,并通过诊断明确自身所处水平和发展状态,发现并解决学校发展中存在的影响自身持续健康发展的问题。可持续发展与核心能力问题是一个问题域,包括如下维度:

学校发展处于怎样的历史方位,未来面临的使命是什么? 回顾学校办学历史,存有哪些需要坚持的理念、记忆的大事件、铭记的人物? 面向未来,在学校发展传承的基础上又面临什么样的创新使命?

学校发展是否在经历一个高原期? 谁感受到了高原期的存在? 谁的危机意识和变革意识强烈? 高原期是由哪一种环境或因素的变化所主导而形成的? 面向未来,开创学校发展新的生命周期,需要克服什么样的障碍?

学校发展过程中是否形成了共识的理念,积累了个性化的符号、体系,具有创新性的知识、思想乃至理论? 学校教师学习与工作融合、专业自觉的程度如何?

学校组织分享、整合和创生新知识、新技术的能力如何? 学校是否具有将广泛分散于组织中众多师生员工头脑之中的知识,以及组织外富有经验与远见的专业人士的知识,予以整合运用的能力?

在学校影响力扩大的同时,学校是否培育了确保具有持久竞争优势的核心能力? 学校为适应环境变化与需求,在丰富、更新学校课程内容,优化教与学的方式,变革学校内部管理方式,调适学校与家庭、社区的关系等方面的能力如何? 学校在具有适应性能力的同时,其变革聚焦和坚守办学理念下的连续性程度如何?

显然,学校可持续发展与核心能力,与办学要素密切相关,但不是某一种办学要素本身,而是办学要素在价值追求上体现出的品质。这种品质能够带动整个品质学校的发展,因此要作为品质学校治理评估的第三维度。

2. 第三维度评估的思路

尽管可持续发展理念为校长所熟知,但如何转化为学校治理的实践却是一个新课题,实践基础上的自我评估更是充满挑战。在品质学校发展中,第三维度评估指标的设计,需要充分考虑三个层面:一是对于政府制定的学校办学的相关政策,学校是否能够持续跟进和高标准满足。学校与政府之间的关系是品质学校治理的重要内容。二是学校发展规划确定的主要目标。学校是否聚焦目标,即行动与目标的一致性程度,以及目标达成的程度。

三是借鉴国际上先进的学校治理理念和评价理念,提出具有前瞻性的指标。

第三维度评估的重点在于学校发展过程中的课程、教学、教师和管理等领域对学生学习的支撑。课程、课堂教学、学校组织与管理、学校与社会关系,这四个领域均是影响学生发展的关键因素。

(1)学校课程对学习的支撑。评估内容包括学校课程的丰富性、选择性、一致性、科学性以及深度。

(2)学校课堂教学对学习的支撑。评估内容包括各学科课堂的学与教,促进学生学会学习,关爱学生,注重学生思维方面的状况。

(3)学校组织与管理对学习的支撑。评估内容包括学校领导力、师资结构与教师专业发展水平、学校组织氛围、新技术应用水平等。

(4)学校与社会关系对学习的支撑。评估内容包括家校互动的机制、社会支持环境等。

3. 第三维度评估案例分析

学校可持续发展的领导力是国内外学者普遍探讨的一个理论问题。随着领导理论和学习科学理论的发展,针对学校领导力的讨论已经深入到课程领导、学校与家庭社区关系的调适等中微观层面,但学校领导力更是一个实践问题,是校长专业发展的必然追求,是学校坚持正确的教育质量观,有效回应来自方方面面的需求,推动学校可持续发展的必然要求。品质学校治理以促进学生学习为中心,激发学校办学活力,促使学校建立自主发展、有序有效改进的机制,为每一个学生健康成长提供良好的环境。在此过程中,学校文化领导显得尤为重要。

学校文化领导的核心使命是坚持正确的办学方向,发扬优良办学传统,并通过挖掘师生潜能和借助外部推动因素实现办学行为的创新。学校文化领导与课程领导,有相同之处,也有不同之处。相同之处在于理念上指向于人,行为上服务于人。不同之处在于学校课程领导致力于课程框架和教学形态及其相匹配的评价标准的构建,在课程改革背景下构建课程体系,开发新的校本课程,运用新的技术手段,尝试新的评价标准;而学校文化领导致力于养育,主张传承学校精神、弘扬核心价值观、坚定学校发展道路自信的同时,创新教与学的行为方式,变革管理方式,引导家庭与社会共同关注孩子健康成长。因此,学校文化领导更加注重师生及家长的信念、需求、期望、认同、表达、幸福感和满意度。为此,受嘉定区教育系统汤雁名校长工作室的邀请,按照上述第三维度评估的基本思路,我们设计了从教师视角透视学校文化领导力,评价分析学校可持续发展和核心能力的方案。

案例 6‑1　从教师视角透视学校文化领导力

1. 评估的视角选择

在基础教育转型、追求公平优质科学发展的新时期,学校文化如何建设与发展,将决定学校的发展水平与品质。重视学校文化建设,可为学校的可持续发展注入强劲动力,也将影响师生的共同进步与成长。

在评估视角的选择上,采取了从教师的视角透视学校文化领导。这是基于如下考虑:就义务教育阶段的学校而言,相较于从学生角度、家长角度去透视学校文化,教师角度更能准确反映学校文化的状况,因为教师对于学校文化的理解、认知和判断相对更成熟理性。按照现代教育理念,教师是学生成长的引路人,是学生家长的回应者和引导者。教师可以也能够作为学校文化领导的一个透视窗。

2. 评估的过程与方式

(1)为了科学提出评估指标,把文献研究作为首要环节。工作室学员在专家的指导下共同收集、阅读和评析文献,包括不同理论视角下的学校组织与领导、国内外学校组织与领导行为评估指标的比较研究、学校组织与领导行为改进的本土经验评析、转型背景下学校组织与领导行为改进的影响因素分析等。

(2)根据第四代评估理论,共同提出评估指标框架初稿,并在反复讨论、征求相关人员意见的基础上,确定指标框架。

(3)对照指标框架,本着题目简洁、易懂、有效、可测的原则,设计评估工具,并进行工具的试测,回收意见。调查问卷是主要的评估工具,主要从价值、战略、关系、活动、环境、评价六个方面透视学校组织的可持续发展和核心能力。

在价值方面,从办学理念、办学目标、教师发展、学生成长等方面予以调查,具体涉及"学校的办学理念、学校精神、校训、校风是否清晰"、"学校的日常管理与教育教学工作是否体现办学理念"、"自己的个人发展目标与学校发展目标的契合程度如何"、"每天在学校的时间分配情况"、"最期望的每天在学校的时间分配"、"所在学校采取的哪些措施促进了您的专业发展水平提高"等题项。

在战略方面,从章程规划、创新变革等方面予以调查,具体涉及"在学校规划制订中,您有哪些参与行为"、"根据目前的学校实际情况,您如果要参与一个学校创新项目,最需要哪些方面的保障"等测量题项。

在关系方面,主要从"与家长的沟通方式","校长在教职员工中的威信","校长是否能倾听各部门的意见和建议,吸纳好的建议,及时调整决策","所在学校的管理团队中,各部门之间是否能相互协调、相互支持和配合"等测量题项予以调查。

在活动方面,主要从"在过去一个学年里,您认为目前学校在工作计划中安排哪些活动比较有效"这个题项予以调查。

在环境方面,主要从"学校的教育教学设施设备是否满足当下的教育教学改革需求","学校的校园环境文化是否充分体现办学理念和办学特色","通常通过哪些渠道倾听家长的意见"等测量题项予以调查。

在评价方面,从对自己工作绩效评价过的主体、学校对教师评价的主要侧重点等方面予以调查,具体涉及"在过去一个学年里,所在学校里的哪些人会对你的工作绩效进行评价","希望哪些人对你的工作绩效进行评价","目前学校对您的评价主要侧重哪些方面"等测量题项。

(4) 在试测基础上正式开展评估,回收调查数据,整理数据,形成数据库。根据原始数据对问卷的内部一致性信度分析,克朗巴赫 α 系数达到 0.936,这表明调查问卷具有较高的信度。为了测量指标之间的匹配性,分别对价值、战略、关系、活动、环境、评价所含的核心指标进行多维的尺度分析,得到 stress(应力)和 RSQ 两个系数。通常来说,$0 <$ stress $\leqslant$ 2.5%,表明拟合非常好;2.5% $<$ stress $\leqslant$ 5%,表明拟合好;5% $<$ stress $\leqslant$ 10%,表明拟合一般;10% $<$ stress $\leqslant$ 20%,表明拟合差。而 RSQ 一般要大于 0.6。通过对两次教师调查原始数据的分析,发现价值、战略、关系、活动、环境、评价的 stress(应力)系数均低于 3%,RSQ 均大于 0.9,这表明指标总体上拟合良好。

(5) 指导工作室学员共同分析数据、解读数据,从促进学校可持续发展与核心能力的角度,开展数据与学校文化建设及改进实践相关联的分析,寻找问题,提炼影响因素,找到改进空间与方式,制订改进计划。

(6) 为了收集和比较学校文化领导的改进情况,前后开展两次评估,分别是在 2015 年 6 月和 2016 年 6 月。第二次评估除了关注数据的变化之外,更关注改进计划带给学校组织的影响,以期为学校持续改进提供证据。

三、从指标体系到制度建设

（一）缘何关注"制度"

受社会民主化、新公共管理理论与学校变革运动的影响，通过建立科学的指标体系来监测评价学校教育改革和发展，并借此推动政府、学校及有关部门履行职责，已成为发达国家的普遍做法。从近年来国际上的教育监测评价研究来看，也正逐渐超越单纯数量意义上的监测评价指标数据分析，制度、改革的关联分析以及对发展政策的影响成为新的研究方向，从而提高指标体系及其数据的解释力，以及监测评价对推进学校变革的效用。随着教育改革的深化及改革过程中教育内外部多重因素的影响，指标的局限性日益凸显，而提高监测评价效用的出路开始转向指标与因素的关联，让监测评价分析结果成为决策者关注的议题和决策参考的证据，以此促进学校变革和发展。

跨越指标和数据，从指标体系走向制度建设是品质学校治理评价的必然要求。在当前大数据时代，指标体系、指标数据以及用指数反映教育发展的事实成为人们关注的焦点，但如何用指标体系、指标数据及指数反映学校变革中的进展和问题，体现未来发展的方向和格局，是一个深层次挑战；同时在定性与定量关系处理上也面临来自理论和实践的挑战，即如何以可感受的数量指标为基础构建学校治理评价指标体系，带动学校可持续发展和核心能力的增强。这就要求品质学校治理评价从指标出发但不限于指标，将指标与学校发展目标紧密结合，与学校变革举措相结合，实现感性和理性的内在统一与和谐。

（二）走向制度建设的核心要义

制度建设是人类文明进步的重要标志，是思想的凝聚、价值观的体现、成熟实践经验的定型化。"制度变迁很少只有某一机制在起作用，而常常涉及多重制度逻辑和过程。"[①]这为理解制度建设提供了指导，品质学校治理评价作为涉及主体多元与过程性较强的领域，更需要遵循多重制度逻辑，关注多个机制及其相互关系。

---

① 周雪光，艾云.多重制度逻辑下的制度变迁：一个分析框架[J].中国社会科学，2010(4)：132－150＋223.

1. 基于目标导向的自我评估与调适机制

根据指标数据分析,建立基于目标导向的自我评估与调适机制,就是通过客观监测评价和判断学校发展状况,对偏离目标的发展状态、可能出现的问题及时发出预警信号,帮助学校决策者和管理者预判发展趋势,及时调整发展路径并采取新的针对性举措,遏止影响品质学校发展的不利局面的发生,促使学校发展如期实现预期目标。

建立自我评估与调适机制的目的在于形成及时有效的问题解决反应机制。对照推进品质学校发展的要求,自我评估与调适机制不仅包括目标差距的预警监测、未达标指标红线预警、重要问题的研判,而且在预警研判基础上建立反应改进机制。品质学校治理核心指标监测只是手段,建立起一套反应及时、学校改进务实的反馈和改进机制才是目的所在。为此,明确责任主体,使权力下放和责任制度建设同步推进,强化反应能力,使指标表现的改进与问题的解决内在地结合起来就显得至关重要。

2. 建立多样化激励机制

建立激励机制的实质是建立品质学校发展中的行为导向机制。实现行为导向的关键在于明确行动的标准,并对于那些勇于探索创新的实践行动予以更多的资源分配,提高激励的效应。

最大化的激励效应,既取决于积极效应的产生、扩散,又需要将负效应降到最低乃至消解。积极效应的扩散、负效应的降低,前提是厘清品质学校治理中制度实施带来的可能影响,明确影响制度实施的因素及预判其影响程度。也就是说,制度出台决策本身的水平,决定了制度实施带来的激励效应大小。

除了上述积极效应扩散与负效应消解之外,多样化激励的内涵,主要体现于对不同部门或人群的激励,激励每一个部门或个体在已有基础上达到"最近发展区",进而优化整个学校组织的发展氛围与格局。基于品质学校治理中参与主体的多元性,激励主体是一种"教师+"、"学校+"的格局。教师+,是指激励的对象不局限于教师个体,还要拓展到教师协同研究小组;学校+,则是指激励的对象从学校拓展到家庭乃至社区人士。潜在的假设是:品质学校治理,旨在打破传统的封闭思维,提高开放性,让家庭、社会成为品质学校治理中的支持主体。因此多样性是激励制度设计的内在要求。

3. 建立利益相关者的多途径参与机制

如前所述,品质学校治理中的参与主体应当是多元的,而实现多主体参与,有赖于参与机制的建立,而非碎片化、随意式、一次性的参与。从机制角度而言,首先,多主体参与机制与参与行为是两个不同的概念,机制更多地是从组织运行结构而言,而参与行为是从具体参与频率、参与活动类型而言。因此,多主体参与机制是学校章程中的重要组成部分。根据学校章程,使家长、社区人士、专家、在校学生及校友参与学校治理合法化,其意义在于优化学校治理结构。其次,多主体参与机制,是基于品质学校发展目标的分担分治,不同主体在学校治理中具有明晰的权利和义务,树立有限、责任、服务的观念,发挥各自优势并实现协同,在品质学校发展中释放整合性行动的效应。

(三) "好"制度的分析

人用自己制定的制度来约束自己,这是人类的文明,但也不能忽视一个事实:坏的制度在实践中也存在,人们期望坏的制度转向好的制度。那么,什么是好的制度,什么是坏的制度? 根据对上海市嘉定区品质教育研究中的数据收集分析,从主体角度对于这一问题做如下分析。

1. 教师对制度的感知体验

教师是学校发展中制度约束的对象之一,因此教师们对制度的感知体验是衡量制度好坏的重要视角。

教师实际时间分配与时间期望存在一定差异,尤其是对备课时间、课后辅导时间、批改作业时间的落差。

教师普遍选择把"有时间"作为投入学校创新变革项目的首要保障。

教师较多参与的是个人专业发展规划制订、学校调查问卷填写、学校总体规划的建言献策等,而参与项目设计、部门规划的行为比例偏低。

教师报告部门领导、校长、教研组长对自己工作绩效评价的比例相对较高,而报告家长、学生、自我评价的比例相对较低。

……

上述结果来自教师自我报告,是教师对学校制度感知的局部,反映出教师对更好制度的期望。

首先是时间分配的期望。当教师分配的实际时间与期望时间之间存在较大的差距时,教师会对变革产生抵触心理。因为教师是生活在现实、具体环境中的人,在良好的环境中增强其自觉成长的意识和获得自主成长的机会是教师颇为关注的问题。调查结果发现,学校之间在时间落差上尽管不完全相同,但基本呈现出教师每天实际备课时间低于期望备课时间、每天课后辅导实际时间高于期望课后辅导时间、每天批改作业实际时间高于期望批改作业时间、每天其他实际时间高于期望时间的状况。这些状况的存在与学校课程教学改革具有必然的联系,值得我们关注。

可以印证的一个证据是:在教师参与学校创新项目的所需保障方面,教师普遍选择把"有时间"作为最需要的保障。根据调查发现,学校教师均把"有时间"作为自己参与学校创新项目最需要的保障,选择比例接近 70%,远高于有好的合作伙伴、自我能力的提升等方面(如图 6-2 所示)。这从一定程度上说明时间变量是影响学校创新变革的重要变量。教师每天的时间分配结构及其与期望值的吻合度,是衡量一所学校文化发展水平的重要指标。

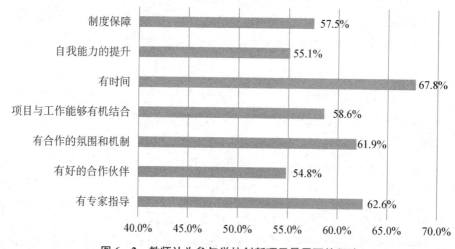

图 6-2　教师认为参与学校创新项目最需要的保障

二是教师参与的意愿。教师是连接学校领导者和学生的桥梁,是学校文化的传播者。教师积极参与学校规划制订与实施,有利于学校文化的培育与建设。但调查结果显示,教师参与项目设计、部门规划的行为比例偏低(如图 6-3 所示)。其背后原因并非是教师在这些领域的参与意愿程度低,而是缺乏配套的制度。因而,逐步完善教师参与制度,尤其是参与影响自身日常工作与学习的制度设计,有利于提升教师对学校文化的满意度,并为师生成长和学校发展奠定坚实的制度基础,进而有利于营造良好的文化氛围。学校领导和管理者也应给予必要的引导,为教师参与学校规划以及学校实践提供情感支持与制度支持。

让教师同伴、学生及家长成为绩效评价的重要主体,同样是教师在制度上的期望。教

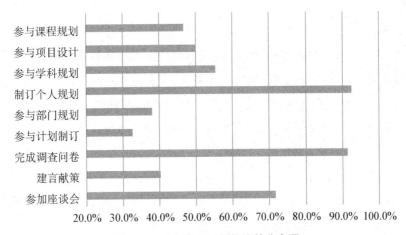

图 6-3 教师参与规划行为的分布图

师工作绩效的评价属于学校评价的重要关注领域。改变评价主体过多依赖校长、部门领导的局面(如图 6-4),增加与教师绩效密切相关的教师同伴、学生、家长的比例,有利于获得更为真实的信息。教师评价有必要采用多种方式,可尝试构建教师同伴、学生、家长等多元评价主体共同参与的评价机制,可通过问卷调查、座谈、个别交谈等方式引导教师同伴、学生及家长参与评价,以便促进教师评价的科学性与民主性,进而提升教师专业发展的积极性。

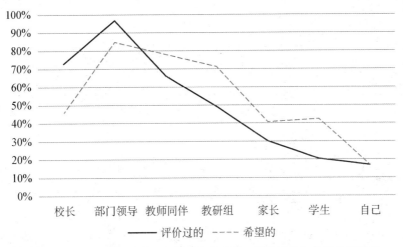

图 6-4 Y校教师报告的工作绩效评价主体:评价过的与希望的(2016)

此外,提升学校育人环境质量是触及制度层面的优化问题。学校作为育人的机构,需进一步重视环境建设,包括教师专业发展的环境建设,激发教师工作的良好状态,分析教师感到紧张、压抑、烦躁的原因并采取针对性措施;同时重视家校沟通环境建设,尤其是正视现代媒体环境下家校沟通的虚拟环境的影响,以便有效促进家长在学校文化建设中的参与力度。微信、QQ群等现代家校沟通方式的推广,并不意味着其他家校沟通方式的消亡;针对具体情况,采用合理的家校沟通方式,才能真正做到有效的家校互通。

2. 来自校长自我报告的证据

从学校治理的关键特征可以构建出相应的成效评估指标体系,并通过研制评价工具实现指标数据的采集与分析。根据2015年和2017年品质教育监测数据,呈现基于校长自我报告的学校办学自主权指标变化情况。

学校办学自主权,能反映学校自主发展的制度环境,是区域推进品质教育的重要指标,主要衡量学校在规划制定,经费分配与使用,课程开发、实施和评价,教师招聘和使用,招生,教师工作绩效评价,学生学习表现评价等方面的自主权。表6-2列出了2015年和2017年品质教育监测数据的差值,可以从中看出办学自主权发生的积极变化。

表6-2 基于校长问卷的学校办学自主权变化差值

	规划制定	经费分配与使用	课程开发、实施和评价	教师招聘和使用	招生	教师工作绩效评价	学生学习表现评价
市教委及相关部门	1.5	7.2	13.7	−1.3	4.7	0.9	17.6
区教育局及相关部门	4	−8.9	6.6	−1.5	3.2	1.8	19.9
校长	−6.6	−4	3.3	2.4	−6.2	0	3.2
学校党支部	−8.6	−4.2	−7.9	2.2	−10.4	4.2	0.7
教职工代表大会	3.6	0.7	−6.4	10	33.5	5.4	2.1
年级组或教研组	−3.4	−3.7	3	5.3	0.9	0.9	1.6
各级家长委员会	−2.9	0.9	4.3	35.4	6.8	0.1	3
社区机构或中介组织	−5.2	16.8	−7.1	10.6	10.5	4.8	−1.2

注:本表中的差值是2017年百分比数据减去2015年百分比数据得出的结果。

从校长的发言权来看,2017年监测结果比2015年增加的三项分别是:课程开发、实施和评价,教师招聘和使用,学生学习表现评价。这三项均指向学校内涵发展品质能力,与促进学生的学习发展高度关联。

从教职工代表大会的发言权来看,2017年监测结果比2015年增加的有六项,分别是:规划制定,经费分配与使用,教师招聘和使用,招生,教师工作绩效评价及学生学习表现评价等。

从年级组或教研组的发言权来看,有五项增加,分别是:课程开发、实施和评价,教师招聘和使用,招生,教师工作绩效评价,学生学习表现评价等。

3. 家长参与度的提高

家长参与度是学校治理的重要指标,旨在反映学校与家长相互沟通、协调互动的程度。家长参与度,既包括学校管理的家长参与度,也包括教育教学的家长参与度。

学校管理的家长参与度,旨在衡量家长参与学校管理的水平。具体的监测点包括:家长参与学校发展规划研制的比率,家长参与学校重大事项决策的比率,家长满意度调查或学校相关评价的家长参与度等。

学校教育教学的家长参与度,旨在衡量学校挖掘和利用家长资源,形成家校育人合力的水平。具体的监测点包括:家长参与学校校本课程开发(含参与和独立开发)的参与率,学校开放日活动的家长参与率,为学校做过志愿服务的家长比率等。

根据嘉定区2015年和2017年品质教育监测结果,家长委员会在六个方面的发言权明显提高,分别是经费分配与使用,课程开发、实施与评价,教师招聘和使用,招生,教师工作绩效评价,学生学习表现评价等。

4. 社会支持环境的改善

在学校治理的指标体系框架中,关注社会(社区)角度的意义越来越凸显。从品质学校治理的角度来看,社会支持环境的改善应该纳入评估指标。社会支持环境包括家长与学校教育观念的协调性、社区资源支持、社会舆论与媒体支持等。家长与学校教育观念的协调性,旨在衡量学校与家长教育观念方面的一致性,从而形成家校育人合力。社区资源支持环境,包括中小学生对参与社会实践(高中生对参与志愿服务)所获支持的满意度、学校场馆设施资源向社区内学生及市民的开放度等监测点。社会舆论与媒体支持环境,主要衡量社会媒体、社会舆论等对学校教育的支持程度。

面向未来的教育现代化,需要家长、社会和学校教育观念的协调性及合力育人氛围得到明显改善;家校协同的教育环境成为教育现代化的重要标志,学校与家长相互沟通、协调互动,家长在学校校本课程开发中的参与率、为学校做过志愿服务的家长比率大幅提高;家长能够通过家长委员会参与学校重大事项的决策;家长与市民参与教育改革发展的讨论成为一种制度和常态。在社区里,有更多的中小学生热心公益、参加公益;同时有更多的社工进校园,为需要支援的弱势学生提供帮助。科研院所与大学在脑科学、信息科学、神经科学、教育科学等领域的最新研究成果,在基础教育学校里得到应用转化,促进教与学的变革;社会上专业的工程师走进学校,成为紧缺人才培养的重要师资力量,并使善于动手实践和创造成为一种风尚;社会上专业的评估机构在学校教育发展中承担第三方评估……这些都是值得期待的社会支持品质学校发展的环境。

综上所述,学校治理能力的提升有赖于多主体的参与,同时成效的高低取决于多主体的综合评价。如果说未来一个区域教育现代化发展的核心在于学校的现代化,那么,学校现代化的关键在于治理能力的提升,并通过治理能力提升实现办学理念向办学行为的系统转化。但这个系统转化不会自然而然发生,而是需要中介的。这个中介就是循证改进的实践,它由行动的多元主体与行动中的证据以及促进行动的制度环境构成。

后 记

　　2012年华东师范大学出版社出版的《名校发展的现代转型》，总结了传统型名校和追赶型名校两类名校的发展规律，提出名校品质是品性与质量的组合，名校品质提升是在痛苦中卓越前行的过程。

　　本书是《名校发展的现代转型》的姊妹篇。写作的动力来源于两点：

　　一是上海市嘉定区在品质教育研究与实践中遇到的问题及其解决问题的方法，为比较系统地理解品质学校治理提供了实践"场"及"场内经验"。本书把"最后一公里"困境放在导论部分，正是为了凸显品质学校治理的实践问题导向。嘉定区参与"五步循环改进法"的项目学校，其改进的方式均是把"诊断分析"作为第一步的。诊断出来的问题往往不是一个问题，而是问题域或问题集。在此情况下，通过问题分析找出主要矛盾、环节与因素，自然成为改进的关键。

　　二是从学术研究来看，基于证据的研究在近五年的教育研究中日益受到关注。而什么是证据、如何收集证据、分析证据与应用证据，恰恰是笔者近年来不断探究的焦点，并围绕这一焦点承担了全国和上海市的教育科学规划课题以及上海市哲学社会科学规划课题。本书把品质学校治理视为循证改进的过程，并试图系统阐述循证的丰富内涵，分章论述了证据收集、证据分析与应用。循证与寻证是两个不同的概念，在不正确的证据观下，寻找证据可能成为一个纯技术的过程，偏重于先验的过程，从而偏离乃至违背实证研究的初衷。循证改进，固然需要证据的采集分析，有赖于技术方法的支撑，但与此同时，更强调价值规范，超越技术、数据层面，从主体—制度层面对"循证"予以认知和行动，思考并致力于解决学校治理为了谁、谁参与学校治理、怎么沉淀学校治理的成果等问题。如果说品质学校治理应当从问题域中抽丝剥茧的话，那么，循证改进提供了一个抽丝剥茧的方法与方法论。

　　本书在写作过程中得到了上海市教科院普教所"嘉定区品质教育研究与实践"总项目组的支持，在此感谢汤林春所长、品质学校治理项目组的核心成员。本书呈现的案例一方面来自于笔者参与的嘉定区品质教育研究以及嘉定区汤雁名校长工作室的研修实践，另一方面来自于上海市的中小学、幼儿园的实践，包括上海市控江中学、上海市甘泉外国语中学、上外嘉定外国语学校、徐汇区汇师小学、嘉定区叶城小学、黄浦区思南路幼儿园、长宁区实验幼儿园、闵行区莘庄幼儿园、崇明区实验幼儿园等，以及笔者参与的长三角区域的教育研究项目，比如浙江省杭州市初中教育合作调查研究、江苏省常州市学校主动发展评估项目等。在此一并向上述学校的校（园）长、项目组的老师表示感谢！本书的出版得到华东师范大学出版社的支持，感谢教育心理社彭呈军社长、白锋宇编辑为本书出版所给予的指导和支持！

2017 年 12 月 31 日，上海

图书在版编目(CIP)数据

品质学校治理：循证改进/李伟涛著. —上海：华东师范大学出版社，2018
（品质教育丛书）
ISBN 978 - 7 - 5675 - 7502 - 8

Ⅰ.①品…　Ⅱ.①李…　Ⅲ.①学校管理－研究　Ⅳ.①G47

中国版本图书馆 CIP 数据核字(2018)第 037523 号

品质学校治理：循证改进

著　　者　李伟涛
策划编辑　彭呈军
项目编辑　白锋宇
审读编辑　柯力萍
装帧设计　刘怡霖

出版发行　华东师范大学出版社
社　　址　上海市中山北路 3663 号　邮编 200062
网　　址　www.ecnupress.com.cn
电　　话　021 - 60821666　行政传真 021 - 62572105
客服电话　021 - 62865537　门市(邮购)电话 021 - 62869887
地　　址　上海市中山北路 3663 号华东师范大学校内先锋路口
网　　店　http://hdsdcbs.tmall.com

印 刷 者　常熟市文化印刷有限公司
开　　本　787×1092　16 开
印　　张　9.75
字　　数　167 千字
版　　次　2018 年 4 月第 1 版
印　　次　2018 年 4 月第 1 次
书　　号　ISBN 978 - 7 - 5675 - 7502 - 8/G·10964
定　　价　28.00 元

出 版 人　王　焰